Juarez de Fausto Prestupa

TUDO O QUE VOCÊ QUERIA SABER SOBRE
ASTROLOGIA
E NÃO TINHA A QUEM PERGUNTAR

MADRAS®

© 2008, Madras Editora Ltda.

Editor:
Wagner Veneziani Costa

Produção e Capa:
Equipe Técnica Madras

Revisão:
Wilson Ryoji Imoto
Neuza Alves
Amanda Maria de Carvalho

**Dados Internacionais de Catalogação na Publicação (CIP)
(Câmara Brasileira do Livro, SP, Brasil)**

Prestupa, Juarez de Fausto
Tudo o que você queria saber sobre astrologia e não tinha a quem
perguntar / Juarez de Fausto Prestupa. — São Paulo : Madras, 2008.
ISBN 978-85-370-0359-6
1. Astrologia 2. Perguntas e respostas I.
Título.
08-05219 CDD-133.5

    Índices para catálogo sistemático:
    1. Astrologia : Perguntas e respostas 133.5

É proibida a reprodução total ou parcial desta obra, de qualquer forma ou por qualquer meio eletrônico, mecânico, inclusive por meio de processos xerográficos, incluindo ainda o uso da internet, sem a permissão expressa da Madras Editora, na pessoa de seu editor (Lei nº 9.610, de 19.2.98).

Todos os direitos desta edição reservados pela

MADRAS EDITORA LTDA.
Rua Paulo Gonçalves, 88 — Santana
CEP: 02403-020 — São Paulo/SP
Caixa Postal: 12299 — CEP: 02013-970 — SP
Tel.: (11) 2281-5555 — Fax: (11) 2959-3090
www.madras.com.br

Dedicatória

Dedico este livro à minha esposa, Adriana, a quem devo a idéia de sua redação. Que mais que esposa é musa inspiradora, companheira, conselheira e parceira. É com ela que passo horas e noites conversando sobre o que conhecemos, acreditamos e queremos. Tavez mais do que alma gêmea ela seja meu espírito gêmeo. Na figura da Adriana, dedico este livro também a todas aquelas pessoas que amo e que me amam, que sempre desejaram o meu bem, que me apóiam, estimulam, protegem e orientam, como podem, esta minha caminhada. A todo esse amor que recebo da Adriana e dessas queridas pessoas, só posso corresponder com muito respeito, lealdade, carinho e empenho para que minha missão seja cumprida da melhor forma possível.

Índice

Introdução 11
A Opinião de um Mestre 11
Astrologia Básica 15
Quais as origens da Astrologia? 15
O estudo da Astrologia exige que tipo de conhecimento? 17
Como avaliar um bom astrólogo? 19
Então, como "funciona" a Astrologia? 20
Existem faculdades de Astrologia? 21
Vale a pena pagar caro por uma consulta
astrológica ou Carta Astral? 23
O que é "Inferno Astral"? 24
Por que alguns astrólogos recomendam que
todos deveriam saber um pouco de Astrologia? 26
Se eu estudar Astrologia não precisarei mais de psicólogos,
médicos e padres? 27
A influência que recebi de meus pais aparece
na Carta Astral? 28
Mapa Astral 30
O que é Mapa Astral? 30
Qual a importância de se fazer um Mapa Astral? 32
Mapa Astral e Carta Astral são a mesma coisa? 33
Carta Astral a gente faz só uma vez na vida? 34
A Carta Astral varia de acordo com a data e o
local em que foi feita? 36

Quais as informações que preciso fornecer ao
astrólogo para ele fazer minha Carta Astral?............ 37
O que são elementos astrológicos?............................ 39
O que são modos em Astrologia?............................... 41
Fale um pouco de meu signo.. 43
Por que os signos são como são? Quais as origens
de suas definições?... 45
Por que determinado planeta rege tal ou qual signo
e não outro? O que determina isso?............................ 47
O que é signo intercalado e signo interceptado?........ 48
Qual a "influência" dos planetas na Astrologia?........ 50
Sol e Lua são planetas?... 52
O que significa ter planetas retrógrados na Carta Astral?.. 53
O que são Casas Astrológicas?..................................... 55
O que é Ascendente?... 57
O que é e quais são os aspectos astrológicos?............ 59
O que são decanatos?.. 61
Pessoal/Relacionamentos 63
Qual signo combina com o meu?................................ 63
O que é Sinastria?.. 64
Com a Astrologia posso encontrar minha alma gêmea?...... 66
É verdade que o signo anterior ao nosso
sempre nos incomoda?.. 68
A Astrologia pode ajudar a resolver meus problemas?........ 70
Um astrólogo pode me ajudar e explicar em que estou errando?:
A Astrologia pode me ajudar no problema que tenho
com meu filho (cônjuge, pais, superiores)?................ 73
Espiritualidade 75
A Astrologia é uma religião?.. 75
Precisa ter fé na Astrologia para que ela funcione?.......... 77
É verdade que a pessoa de Peixes está em sua
última encarnação?.. 79
Posso saber mais sobre minha condição
espiritual pela Astrologia?.. 80
Minha missão de vida aparece no Mapa Astral?.......... 81

Índice 9

É possível descobrir o que fomos em outras
vidas pela Carta Astral? 83
Existem pais-de-santo que se apresentam como astrólogos.
Há relação da Astrologia com a religião afro? 85
Astrologia é pecado? 86
Qual a relação da Astrologia com o esoterismo? 88
Técnicas/Análise de Tendências 90
Que tipos de especialidades existem no estudo da
Astrologia? 90
O Mapa Astral pode me ajudar a escolher uma profissão? 93
Dá para saber como ganhar dinheiro pelo Mapa Astral? 94
A análise da Carta Astral pode detectar desvios
de conduta, problemas psicológicos, doenças mentais
ou aberrações sexuais? 96
Existem pessoas que não são bem-aceitas em
determinadas cidades. A Astrologia explica isso? 98
Existe Carta Astral de cidades? 99
Como a Astrologia pode me ajudar a ter sucesso
em minha futura empresa? 101
Como é feita a Carta Astral de uma empresa? 102
O que é Tema de Revolução Solar? 104
O lugar onde passei meu último aniversário influenciou
as coisas que estão me acontecendo este ano? 105
É verdade que depois dos 30 anos o Ascendente
é mais forte que o Sol? 106
Tem gente que faz o Mapa Astral todo ano
(Revolução Solar). Isso é necessário? 107
Como funcionam as previsões astrológicas? 108
Dá para saber como ganhar na loteria com a Astrologia? .. 110
Ceticismo 112
Dizem que a Astrologia é coisa para mulheres e de
quem não tem o que fazer! 112
Você acredita em Astrologia? 113
Astrologia funciona mesmo? 115
Horóscopo é coisa séria? Posso confiar? 116

Conheço pessoas do mesmo signo
que o meu, todas muito diferentes! Explique isso. 118
Por que a Astrologia não é aceita pela ciência? 119
Por que existe tanto preconceito contra a Astrologia? 121
Os astrônomos não acreditam em Astrologia. Por quê? 122
Como pode um distante planeta influenciar uma pessoa? .. 124
Se a Astrologia pode ser útil nos diagnósticos, por que
os psicólogos não a estudam? 125
Por que os médicos ocidentais não reconhecem a
Astrologia médica? 127

Introdução

A Opinião de um Mestre

A Astrologia é uma ciência antiga, porém não reconhecida como tal. Deu à luz uma filha ingrata chamada Astronomia, que a renegou, tratando os corpos celestes de maneira simplesmente material e se recusando a aceitar qualquer outra abordagem sobre o assunto.

Durante muitos anos ela foi tratada como uma ciência marginal, usada por muitos, comprovada popularmente, mas sem ter o seu devido crédito ou compreensão. Muitos charlatães e falsos astrólogos contribuíram para que a Astrologia sofresse perseguições e preconceitos que pairam até os dias de hoje.

Alguns religiosos e até mesmo cientistas, por desconhecerem a essência da Astrologia, chegam a condená-la sem conhecimento ou argumentos coerentes. Isso contribui para que muitos estudiosos temam abordar a eficácia da Astrologia com receio de sofrerem críticas e serem ridicularizados.

É preciso esclarecer que, neste livro, a intenção não é convencer ninguém de que a Astrologia funciona ou de que é uma ciência verdadeira e coerente, pois ela continuará sendo autêntica sempre, mesmo que muitos charlatães se utilizem dela para abusar da boa-fé das pessoas.

No livro *Autobiografia de um Iogue* – São Paulo, 1981, de Paramahansa Yogananda, há uma explicação muito clara quando o mestre de Yogananda lhe diz para que use um bracelete astrológico. Ele questiona o conselho dizendo não crer em Astrologia, então o mestre responde:

"Não é questão de crença; a atitude científica que se deve adotar em qualquer assunto é a de se saber se é verdade. A lei da gravidade funcionou tão eficientemente antes de Newton como depois dele. O Cosmos seria positivamente um caos se suas leis só pudessem funcionar mediante a aprovação da crença humana. Os charlatães trouxeram a antiqüíssima ciência estelar a seu descrédito atual".

Muita gente acha que a Astrologia funciona por meio da auto-sugestão; hoje vemos que o poder do pensamento funciona, mas nada tem a ver com a Astrologia. Certa vez, perguntaram a um padre, em uma palestra, diante de umas cem pessoas, se a Igreja Católica era contra a Astrologia. Muito desconcertado e sem apresentar muitos argumentos, o padre respondeu que ela discordava da "Astromancia", que consiste na "arte de adivinhar o futuro por meio dos astros". A grande questão que leva a Astrologia ao descrédito de muitos são os falsos astrólogos e suas previsões nem sempre confiáveis.

O Mapa Astral é uma fonte riquíssima de dados para o autoconhecimento. Quanto mais informações o homem tem de seu Mapa Astral, mais ele pode trabalhar e interferir em seu destino. O medo das previsões faz o homem pensar que é um fantoche do destino e que de nada adianta lutar para evitar os maus presságios. Tudo o que nos acontece tem uma causa, nós mesmos construímos nosso destino e de nada adianta fechar os olhos para a Astrologia ou queimar a Carta Astral. Nada mudará se não alterarmos, só nós podemos destruir o que construímos ou reconstruir o que destruímos nesta ou em outras vidas.

O saber astrológico é muito profundo; antigamente, era um conhecimento considerado de origem celestial, pois acreditavam que a Astrologia teria sido revelada à humanidade pelos anjos rebeldes. O mestre de Yogananda ainda completa suas sábias explicações, dizendo que a Astrologia é muito ampla e complexa para ser abarcada corretamente, salvo por homens de profundo entendimento. *"Se os ignorantes lêem erradamente o céu, e ali enxergam rabiscos em vez de uma escrita, isto é de se esperar neste mundo imperfeito. Não se deve prescindir da sabedoria ao dispensar os pretensos sábios."*

Este livro é uma resposta às tantas perguntas que ficam no ar sobre a Astrologia e um desafio para que as pessoas procurem estudá-la com a seriedade que ela merece.

O prof. Juarez respondeu a todas as perguntas com muita tranqüilidade e com a seriedade de um estudioso que dedicou mais de vinte anos de sua vida à Astrologia e que orientou tantas pessoas que o procuravam querendo respostas para suas vidas.

Todas as perguntas contidas nesta obra correspondem a um apanhado de cartas, *e-mails* e questionamentos de pessoas que queriam saber mais sobre Astrologia e não encontravam respostas para suas questões nas revistas e livros que liam. As respostas têm a profundidade necessária para que o leitor compreenda, formule suas próprias idéias e faça maiores reflexões sobre o tema.

Longe de querer dar receitas infalíveis ou respostas sem sentido, o prof. Juarez nos brinda com seu profundo conhecimento em doses homeopáticas, uma pergunta após a outra, de forma didática, para não apenas promover conhecimento, mas também gerar aprendizagem.

Este é um livro para degustar aos poucos e refletir. É destinado às pessoas que procuram um sentido maior em todas as coisas e que não têm medo de realizar sua missão.

Adriana Nunes Lacerda e Prestupa

Astrologia Básica

Quais as origens da Astrologia?*

O homem, desde os tempos das cavernas, foi um buscador. Insatisfeito com sua limitação, ele procura constantemente se aprimorar e, para isso, necessita de referências maiores ou melhores a ele. Assim concebeu os primeiros conceitos de seres espirituais, que estavam muito além de sua limitada realidade.

Além da reverência à perfeição projetada na imagem criada, ele também acreditou que, por serem superiores, esses entes poderiam ajudar a melhorar sua vida. Assim o homem das cavernas passou a observar com atenção essas referências de perfeição, suas divindades primitivas, manifestas fisicamente nos luminares Sol e Lua. Para ele, o Sol era a fonte de vida, de segurança e de saúde. A Lua lhe garantia também alguma iluminação nas noites escuras e perigosas.

Nessa observação do Sol e da Lua, ele começou a perceber que havia relação entre a reprodução animal e as ninhadas com o movimento anual do Sol e também da colheita de frutas e vegetais com o deslocamento da Lua.

---

*N.E.: Sugerimos a leitura de *Astrologia e Mitologia – Seus Arquétipos e a Linhagem dos Símbolos*, de Ariel Guttman e Kenneth Johnson, Madras Editora.

A partir daí, a Astrologia sempre esteve ligada com os estudos realizados pela casta mais privilegiada em termos de estudos em todas as culturas. Por estudar, saber e falar das divindades, da vida e da morte, da saúde, dos fenômenos físicos e das possibilidades futuras, os sacerdotes sempre gozaram de grande respeito e reverência da comunidade.

Assim, além do Sol e da Lua, os outros cinco planetas visíveis a olho nu (sem uso de telescópio) passaram a ser estudados, seus movimentos, a ser comparados com os acontecimentos do dia-a-dia. Dessa forma, empiricamente, nascia a Astrologia (estudo dos astros).

Pela proximidade com os conceitos divinos de perfeição que o homem projetava fora de si formando sua mitologia, os planetas receberam os nomes dos princípios perfeitos corporificados pelas figuras mitológicas. Dessa forma, a mitologia* greco-romana emprestou seus nomes à Astrologia. O Planeta Vermelho, por exemplo, associado por observação às guerras, recebeu o nome do deus Marte (ou Ares), projeção da coragem humana na forma de divindade.

---

*N.E.: Sugerimos a leitura de *O Livro Completo da Mitologia Clássica*, de Lesley Bolton, Madras Editora.

O estudo da Astrologia exige que tipo de conhecimento?

Para que alguém se torne um bom astrólogo, é necessário que estude muito bem na fonte de origem do conhecimento astrológico. Ele não pode se limitar a estudar apenas os livros de definições, pois elas são imprecisas e nenhum símbolo ou princípio se limita a qualquer tipo de definição. Para que ele compreenda profundamente como funciona a Astrologia, precisa pelo menos estudar um pouco de Filosofia,* Teologia, religiões antigas, Mitologia e Psicologia,** além, é claro, dos próprios conceitos de Astrologia.

A Filosofia lhe ajudará a compreender o "pulo do gato", o "como" funciona a Astrologia com suas analogias e correlações. Essa ciência lhe permitirá fazer com os conceitos de Astrologia o que a Matemática realiza com os números e noções na Álgebra. Com a Álgebra, o matemático é capaz de deduzir fórmulas por si próprio, dentro de um raciocínio lógico e coerente, à prova de erros e que qualquer outra pessoa pode também entender e aplicar.

A Teologia lhe ajudará a compreender os conceitos abstratos dos princípios superiores aos quais o homem se vê subjugado. No estudo do divino e de suas hierarquias, o estudante compreenderá as nuances e diferenças entre os indicadores astrológicos, sua organização e homogeneidade de forma a perceber o conjunto como um todo após a fusão das partes.

---

*N.E.: Sugerimos a leitura de *O Livro Completo da Filosofia*, de James Mannion, Madras Editora.
**N.E.: Sugerimos a leitura de *O Livro Completo da Psicologia*, de Lesley e Lynda L. Warwick, Madras Editora.

O estudo das religiões antigas beneficiará sua compreensão da universalidade dos conceitos, independentemente dos nomes, tempo, local e cultura que se localizem. Perceberá que esses princípios – tidos como divinos para uns, psíquicos para outros – são uma realidade presente e sempre acompanharam a história e a vida de todos os povos.

O estudo da Mitologia vai lhe tornar mais familiar e didático o estudo desses princípios psíquicos perfeitos que foram concebidas na forma humana por intermédio dos deuses gregos e romanos, principalmente. As histórias mitológicas ajudam a compreender as variações de cada faceta humana como se fosse diferenciada e autônoma, como se tivesse total autonomia do todo. Como agiríamos se fôssemos guiados apenas pela nossa coragem, sem nenhum outro estímulo positivo ou negativo? Talvez muito semelhantemente ao mitológico Marte (ou Ares).

Já a Psicologia é fundamental para que o estudante compreenda como todos esses estudos se fundem na vida do ser humano, como isso se torna realidade em suas emoções, pensamento e atitudes. Essa compreensão leva-nos à conclusão das razões do que acontece na vida das pessoas, bem como nos traz suas explicações e indicações de possíveis formas de mudanças, caso sejam desejadas, bem como dos desdobramentos possíveis.

O conhecimento de todos esses estudos é importante; porém, mais fundamental ainda é o raciocínio deles.

Como avaliar um bom astrólogo?

Esta é uma questão muito difícil, pois como a Astrologia ainda não é um conhecimento codificado pelo método científico ela também não tem como ser regulada, conferida e verificada. Na verdade, hoje qualquer pessoa que leia um livro de Astrologia ou faça um cursinho de um mês pode sair se auto-intitulando astrólogo.

Proferir palavras do vocabulário astrológico ou fazer afirmações astrológicas com aparente domínio não significa capacitação. Até porque, via de regra, a consulta astrológica deságua na orientação quando o cliente abre sua vida para ouvir os conselhos do profissional. Se este não tem ética, capacitação, conhecimento e profissionalismo, o risco para ambos é grande demais.

Se o fator diploma, conselho regional ou referência segura de sua formação ainda não existem, o melhor é nos orientarmos pelo fator pessoal. Dessa forma, indicamos a referência de quem já fez trabalhos com o profissional que lhe interessa no momento. Pergunte a quem já teve experiências com o astrólogo como foi seu trabalho, os resultados, sua capacidade e eficácia. Cuidado com os "profissionais" que são ótimos para falar somente coisas boas ou o que o cliente quer ouvir. Este pode sair satisfeito, mas suas dúvidas continuam sem uma indicação de solução e seus problemas nem foram tocados. Ouvir que as coisas se resolverão por um passe de mágica, sozinhas, como que por milagre, é sinal de que se deve ter muito cuidado.

Por questão de ética e respeito, é muito raro um bom astrólogo lhe dizer nomes de pessoas importantes para os quais já realizou trabalhos, assim pergunte-lhe quanto tempo tem de experiência, quantas consultas e cartas astrais já fez, se ele garante o que diz e principalmente se sabe lhe explicar "por que" as coisas com você são como são, o porquê de elas chegarem a tal situação (boa ou má), quais os desdobramentos e o que você pode fazer para obter o melhor de sua vida.

Então, como "funciona" a Astrologia?

Diferentemente do que se divulga ou se imagina, não existe uma "influência planetária". O que ocorre é quase o oposto; características de nosso interior foram projetadas para fora e concentradas em macroreferências que são mais fáceis de se identificar, observar e compreender.

É como o tempo marcado pelo relógio. O tempo não é o relógio. Se este deixar de funcionar, nem por isso o tempo parará. Da mesma maneira, nossos princípios internos, chamados em Psicologia de "arquétipos", foram projetados pelos antigos sobre planetas e signos (constelações), que lhes conferiram ainda uma idéia de forma e comportamento de acordo com as figuras mitológicas (seres divinos com forma e comportamento humanos).

Esses arquétipos ou princípios psíquicos inicialmente são de natureza coletiva, pois atuam no inconsciente de toda a humanidade, fazem parte do que se apreende ao longo da existência. Apesar de serem coletivos, cada um de nós concebe esses arquétipos de forma diferente, dependendo das experiências que tivemos ao longo de nossa vida. Assim, por exemplo, cada pessoa tem um conceito diferente do que é um "pai", apesar de todos concordarem de que "pai" é aquele que tem responsabilidade sobre um "filho" ou obra e assim espera-se que cuide deste "filho" até sua maioridade. De acordo com nossa educação, a figura interna (ou arquétipo) de "pai" pode ser de protetor, tirano, omisso, carinhoso, fraco, de sucesso, etc.

Da mesma forma que é mais fácil olhar para o relógio para saber o tempo, também é muito mais fácil sabermos nossas tendências ou disposições internas observando o macromovimento planetário. Existe uma "sincronia" entre o deslocamento físico dos planetas e dos arquétipos do inconsciente coletivo. É como que uma somatização astrofísica dos princípios psíquicos abstratos. Como a somatização (ou processo de tornar física uma característica emocional abstrata) é do abstrato para o físico, então o planeta não influencia nada nem ninguém, mas sim repete fisicamente um processo que já ocorreu em um plano mais sutil (emoções).

Daí que não importa a distância desses planetas, se é realmente um planeta (o Sol, por exemplo, em Astrologia é um planeta, mas em Astronomia é uma estrela), se a constelação tem um "tamanho" ou mesmo uma posição diferente do signo astrológico a ela referente, ou ainda se houve mudanças na observação relativa da abóbada celeste para nós aqui da Terra.

Existem faculdades de Astrologia?

Quando falamos de "faculdade" normalmente temos em mente uma instituição de ensino superior devidamente credenciada, reconhecida e referendada pela autoridade maior do ensino nacional, que é o Ministério da Educação. Nesses termos, podemos dizer que não existem faculdades de Astrologia, pois não se trata de um conhecimento aceito pela comunidade científica para figurar como ciência formal.

Podem existir em algum lugar escolas que portem o nome "faculdade" como que para indicar um estudo sério, profundo, extenso e o mais profissional possível, mas mesmo assim essas escolas não correspondem ao que normalmente se intitula "faculdade".

Sabemos que no Ocidente a Astrologia sofre muito preconceito, mas no Oriente, em especial na Índia, o seu estudo é muito respeitado e aplicado em diversas atividades, até mesmo na Medicina.

Trabalhar para "traduzir" o conhecimento astrológico, suas bases na linguagem científica, de acordo com os postulados da metodologia, é uma missão que encaramos. Esta obra que você tem em mãos é o início público e formal desse trabalho que consideramos uma missão e razão especial de havermos recebido os conhecimentos astrológicos.

Uma vez as bases da Astrologia tendo saído da situação de conjecturas, passado para teoria e chegado à condição de ciência, toda a humanidade poderá se beneficiar de um conhecimento que ajuda muito a compreensão da vida e seus movimentos, bem como das tendências e características tanto individuais quanto coletivas, desde o nível espiritual até o físico, passando pelo psicossocial.

Para que a Astrologia se insira no seleto grupo das ciências acadêmicas, será necessário um grande trabalho de uma equipe de interessados, muito tempo e disposição, bem como coragem para enfrentar o descrédito e até mesmo perseguições infundadas.

Vale a pena pagar caro por uma consulta astrológica ou Carta Astral?

A atividade comercial, seja ela qual for, resulta da necessidade de adquirirmos algo que o outro tem e, para podermos obter isso de forma justa, devemos fornecer a ele algo que deseje ou valorize. Assim as coisas transcorrem de maneira harmônica e equilibrada.

Valorizar o que se tem e o que se deseja depende muito do nosso desejo e mais ainda de conhecermos a real validade do que temos ou desejamos. Não há como valorizarmos algo que desconhecemos, ao passo que sabemos muito bem o quanto nos custou algo que exigiu trabalho, estudo, dedicação, capacitação e tempo. É comum super-valorizarmos o que produzimos (nós sabemos o quanto suamos para fazer tal ou qual coisa) em detrimento dos produtos de terceiros (os quais, apesar de nos interessar, desconhecemos o caminho percorrido pelo artífice no empenho de realizar seu trabalho).

O que é "caro" e o que é "barato"? Esta é uma questão relativa. Para se avaliar melhor, devemos levar em consideração o que está em questão. Em nossa sociedade consumista é comum supervalorizar os bens materiais (tangíveis e duradouros) e subvalorizar as questões subjetivas que envolvem os relacionamentos humanos. Um forte exemplo é o grande número de casamentos desfeitos por questões materiais.

Por outro lado, após uma vida inteira de trabalho, sofrimentos e abnegações pessoais para se conquistar o sucesso financeiro, muitas vezes a coroa recebida é a solidão, a melancolia, o ostracismo, a falência da vida emocional, familiar, sexual e pessoal.

Se considerarmos que quando falamos de Astrologia estamos tratando de nosso interior, desejos, tendências, necessidades, vontades e dons naturais e pensarmos que isso tudo é muito importante (não mais nem menos do que os bens materiais) para um sono tranqüilo, um coração calmo, uma alma satisfeita com a vida que leva, veremos que fica difícil valorar esse tipo de trabalho. Na verdade se trata de algo subjetivo que, dependendo do profissional que nos atende, o resultado pode ser uma mudança radical em nossas vidas. Por isso, a ética e a competência são muito importantes nesse tipo de atividade profissional.

O que é "Inferno Astral"?

Astrologicamente, "Inferno Astral" é o período de 30 a 40 dias que antecede nosso aniversário. É uma fase anual que todos passam, em que os problemas são mais propícios a se manifestar. Mas isto não é necessariamente regra. Isso ocorre porque quanto mais energia de vida temos mais positivamente encaramos os fatos e tendemos a obter o melhor.

Ao contrário, com pouca energia a gente fica sem forças de reação, tende a se entregar física e emocionalmente. Quando se faz aniversário, ocorre um processo semelhante ao de se "carregar nossas baterias" para mais um ano de vida.

Então, quando estamos no final do nosso ano (30 a 40 dias antes do aniversário) nossas baterias já estão "no osso", liberando energia somente para o essencial, não há reservas sobrando. Assim, o organismo fica mais fragilizado e exposto, emocionalmente há pouco jogo de cintura e tudo o que geralmente conseguimos "segurar a onda" normalmente pode ruir. Tudo pode dar errado e, se algo fracassa, tomamos isto como sendo o tudo.

Na verdade, nesse período seria conveniente que a gente "fechasse para balanço", tirasse férias e refletisse como foi nosso ano, as coisas boas, as ruins, o que tiramos de proveito, o que devemos corrigir e evitar, etc. Dessa forma, aproveitaríamos muito melhor essa fase que tem por característica a introversão e a reflexão. Quanto mais lutarmos contra isso pior para nós.

O mesmo tende a ocorrer quando o Sol transita por nossa Casa XII (da Carta Astral), 30 dias por ano que geralmente não são coincidentes com os dias que antecedem o nosso aniversário.

É costume também se usar esse termo para o signo anterior ao nosso como sendo aquele que nos traz problemas, sofrimentos, etc. Na verdade, o signo anterior ao nosso (signo solar) exige maior compreensão, pois ele traz em si os princípios de que mais somos carentes, os que mais estranhamos e muitas vezes fugimos por mil razões. Sem dúvida, é um signo que nos exige reflexão, mas que também, por isso mesmo, pode significar um grande aprendizado, descobertas sensacionais e evolução espiritual.

Por que alguns astrólogos recomendam que todos deveriam saber um pouco de Astrologia?

Porque eles, mais do que ninguém, sabem o quão abrangente, profundo e importante é o conhecimento astrológico. Quanto mais a pessoa sabe e estuda Astrologia, mais ela compreende a sua vida e toda a sociedade. Isso acontece nos mais variados assuntos, desde questões de ordem pessoal/emocional, passando pelo social, profissional e até mesmo espiritual.

Com o conhecimento astrológico, a pessoa tende a ter menos dificuldades para se encontrar, saber qual é sua real situação e lugar neste mundo no qual todos querem ter o carro do ano, fumar tal cigarro, andar na moda, etc. Todo esse consumismo decorre exatamente pela grande ignorância que todos temos das reais razões de nossa existência; buscamos razões, brigamos por isso. Será realmente que nascemos para brigar por um time de futebol X, Y ou Z que hoje pode ganhar, mas amanhã perder e nem por isso mudar o destino da humanidade?

Tem gente que quer fazer isto e aquilo, acha que pode e precisa melhorar o mundo. Um mestre (Kenzil – Comunidade Harmonia – São Thomé das Letras/MG) me disse uma vez que *"Não há nada a ser feito além do que já existe. Tudo que há foi Deus quem fez, direta ou indiretamente; quem somos nós para querer consertar? Apenas precisamos saber o que nos cabe fazer para não deixar falha a nossa parte".*

Então, você sabe o que lhe cabe fazer nesta vida? A Astrologia pode lhe ajudar nessa busca, mas não lhe fornecerá facilmente a resposta, pois ela se encontra em seu interior, em seu coração, e, quanto mais estudar, procurar compreender o mundo e você mesmo, mais próximo estará de sua razão de existência.

O estudo da Astrologia leva à compreensão e, conseqüentemente, à busca da harmonia interior e exterior e da paz; e, para se harmonizar, é necessário aprendermos a caminhar no fluxo da vida, dentro de nossas tendências, características e dons naturais.

Se eu estudar Astrologia não precisarei mais de psicólogos, médicos e padres?

Sem dúvida o estudo profundo e correto da Astrologia poderá levar a pessoa, muito gradativamente, à harmonia interior e exterior, o que significa a compreensão das razões da vida, o alinhamento com os princípios da Criação, a proximidade com seus arquétipos perfeitos e uma profunda paz interior que paira acima das agitações do dia-a-dia.

A harmonia psíquica (mente e emoção) poderia isentar a pessoa da ajuda de um psicólogo.

A harmonia com a Criação, ou cósmica, nada mais é do que a "sintonia", a compreensão das razões da natureza e conseqüentemente a intuição ou compreensão de Deus por meio de Sua Criação. Assim, poderíamos dizer que um profundo sentimento de religiosidade brota nesse estado de espírito.

A harmonia física, com alimentos, emoções, exercícios e metabolismo, reduz muito os desgastes orgânicos, minimizando a propensão às doenças (quase que em sua maioria somatização de medos, traumas, bloqueios, ódios, vícios, etc.).

Apesar disso, jamais a Astrologia ou seu estudo levará a pessoa a não necessitar de ajuda externa; pelo contrário, ela nos ajudará a melhor compreender e colaborar com o trabalho de profissionais como psicólogos, médicos e sacerdotes. Cada qual tem formação em sua área, dedicou grande parte da vida a esse mister, nenhuma outra ciência lhe tirará o valor ou necessidade.

O importante é lembrarmos que a Astrologia em si não resolve os problemas, quem os soluciona somos nós mesmos, nem mesmo o astrólogo poderá dirimi-los. Assim, sempre necessitaremos de estímulos, apoio e orientação externa em todos os sentidos da vida. Assim crescemos juntos, evoluímos juntos.

A influência que recebi de meus pais aparece na Carta Astral?

Nós somos o produto biológico e psicológico dos pais. Com certeza, a análise de uma Carta Astral considerará muito do que os pais lhe passaram de conceitos, imagens e comportamentos. Nós captamos muito mais os exemplos do que os ensinamentos na forma de palavras dos pais.

Isso ocorre porque quando crianças estamos 110% abertos aos pais, àqueles que nos deram vida, nos alimentam e são a fonte de segurança, conforto e prazer. Nascemos carentes de amor e tudo fazemos para recebê-lo dos pais, que são o centro do nosso mundo naquele momento da vida. Tudo o que eles fazem nos soa como correto, ideal, perfeito e assim se torna uma referência. Isso ocorre dia após dia, sendo a constância a força que leva tudo isso para o mais profundo âmago de nossas almas ou psiques.

Depois, quando crescemos, descobrimos que de alguma forma estamos repetindo nossos pais e não imaginamos por que. São nossas referências, únicas recebidas na vida e por isso mesmo difíceis de serem negadas, por piores que tenham sido. Fazem parte de nossa formação, condicionamentos e hábitos inconscientes.

O pai nos ensina com seu comportamento o que é o homem, seus limites, atitudes, etc. Com a convivência, sabemos como age, mesmo nos piores momentos aprendemos como lidar com ele. Com a mãe acontece a mesma coisa; com suas atitudes os pais nos "ensinam" como fazer para que nos dêem atenção, carinho e amor. Se nos deram atenção por nossa beleza, possivelmente nos tornaremos vaidosos, procurando com a beleza conquistar a simpatia de todos que queiramos bem. Se obtivemos sua atenção por tirar nota boa na escola, acabamos nos tornando ótimos estudantes, brilhantes profissionais. É claro que essas são apenas afirmações ilustrativas.

A menina cresce e tende a "escolher" um homem que inconscientemente lembre seu pai. Somente quem assim for terá abertas as portas de seu coração, sua Casa e quarto, tal como o pai dela sempre teve. Da mesma forma acontece com o menino "selecionando" sua amada pela referência que tem de sua primeira e mais amada mulher, a mãe.

A razão da vida começa e termina na família, passa pelos amigos e pela sociedade, mas o centro é um só. Mas há algo mais importante na existência do que o amor?

Mapa Astral

O que é Mapa Astral?

É o desenho esquemático da posição astrológica dos planetas em um dado momento, local e data específicos. É como se fosse uma fotografia do céu com lugar, dia e hora precisos. Mudando-se o local, o mapa se modifica, o mesmo acontece se alterarmos o dia e a hora do evento em questão.

Duas pessoas, por exemplo, podem ter nascido no mesmo dia e horário, só que uma em Nova York e outra em São Paulo. Nesse caso, os dois mapas astrais serão diferentes, bem como a interpretação deles.

O Mapa Astral é um indicador simbólico para o astrólogo tão bom, ou melhor, quanto é uma radiografia ou resultado de uma ressonância magnética o é para um médico. Pela interpretação de seus símbolos, o astrólogo saberá suas tendências internas natas, tanto positivas quanto negativas; seus dons, habilidades, debilidades, etc.

O Mapa Astral é uma verdadeira "radiografia psíquica" de seu interior; nele está disposto (dependendo da habilidade do astrólogo) tudo a que se refere a você, desde questões físicas (saúde, força, sexualidade, etc.), de natureza espiritual (ceticismo, fé, fanatismo, intuição, mediunidade, sacerdócio, etc.) até mesmo questões amorosas e profissionais.

O termo "Mapa Astral" é muito adequado, pois o esquema simbólico astrológico por ele nomeado retrata um caminho a ser seguido para que possamos chegar ao "céu". Ou seja, à paz, ao sucesso da condição de ser humano (o que de mais elevado uma pessoa pode atingir é a verdadeira paz interior que reflete uma poderosa harmonia com tudo e com todos).

Na vida, muitas vezes o mais importante não é ganhar dinheiro ou obter notoriedade. Precisamos saber o que realmente nos fará felizes (conquistas que nos trarão paz interior). Geralmente essa resposta diz respeito à satisfação de nossas inclinações inconscientes, da vivência de nossos dons naturais, de fluir com a vida no rumo, ritmo e grupo ao qual realmente pertencemos.

Uma pessoa, por exemplo, que tenha nascido para ser contador, por mais dinheiro e prestígio que conquiste como médico será alguém com um vazio interior. Essa pessoa sentirá que "falta algo" que não consegue identificar, mas que é tão forte que lhe corrói a suposta felicidade que pode ter. Cada qual nasceu para algo em específico. E você, sabe para que nasceu, qual a sua missão?

Qual a importância de se fazer um Mapa Astral?

A análise de um Mapa Astral* realizada por um bom astrólogo pode lhe responder perguntas que pareciam sem solução. Na interpretação, o profissional deverá começar dizendo o que você já sabe muito bem: como é na realidade, mais além do que mostra.

Ele dirá "por que" você é como é, ou seja, os estímulos e razões que o levaram a desenvolver tal ou qual característica. Nesse ponto, ele lhe ajudará a diagnosticar as origens de suas habilidades e também debilidades. Isso é um ponto determinante caso realmente queira mudar algo; para se saber a solução dos problemas, primeiro precisamos identificar muito bem o agente causador dele e seu *modus operandi*.

Em seguida, o astrólogo lhe dirá as tendências e desdobramentos possíveis que lhe ocorrerão no futuro em razão de como você é.

Se uma pessoa está satisfeita com sua vida, não tem dúvidas sobre si e acredita estar em harmonia com a vida e com as pessoas, ela possivelmente não obterá muitos benefícios com a interpretação de sua Carta Astral, talvez nem mesmo se interesse por isso.

Mas aquele que tem dúvidas sobre si e sobre sua vida, que busca algo que talvez ainda nem identificou, que se sente "um peixe fora da lagoa" ou algo parecido, que quer continuar em um processo de autoconhecimento e aprimoramento constante,

---

*N.E.: Sugerimos a leitura de *Curso de Astrologia – Interpretações do Mapa e das Previsões*, de Christina Bastos Tigre, Madras Editora.

inconformado com as limitações que tem, esta pessoa colherá muitos bons frutos da interpretação de seu Mapa Astral.

Costumo dizer que o grande mérito do Mapa Astral é poder lhe ajudar a se "ubicar", descobrir qual o seu lugar, seu espaço, sua turma, na vida. Se você nasceu para ser, por exemplo, um goleiro, não se sentirá bem sendo um zagueiro, atacante, cartola ou árbitro de futebol. Precisamos descobrir qual nossa missão nesta vida; para que viemos, por que nascemos, lutamos e morremos. Não deve ser para conquistarmos coisas e deixarmos tudo para trás, tem de haver alguma razão especial, não é mesmo? A interpretação do Mapa Astral é o início de uma caminhada de autodescoberta, uma estrada que somente a pessoa pode percorrer. Nesse mister, a Astrologia lhe auxilia com "placas", indicando possíveis caminhos, atalhos, dificuldades ou facilidades em seu transcurso.

Mapa Astral e Carta Astral são a mesma coisa?

Os termos Mapa Astral e Carta Astral são sinônimos, ambos se referem ao esquema simbólico astrológico que identifica um determinado momento, em certo local e data.

Ambos, "mapa" e "Carta", indicam que se trata como que de um desenho, uma visão ampla e completa de caminhos que podem ou não ser seguidos, cada qual terminando em local diferente ou mesmo em lugar comum.

Muito antigamente, o desenho do Mapa Astral era quadrado como os signos dispostos em triângulos encaixados uns nos outros, e os planetas ficavam no vazio interior desse quadrado. Depois, o desenho ganhou o formato circular com cada signo representando 1/12 do círculo, ou seja, 30 graus de arco (30 graus x 12 signos = 360 graus do círculo).

Mas a interpretação astrológica, apenas considerando a posição dos planetas e os contatos que estes fazem entre si, apesar de muito complexa e profunda, não nos dá precisão. Assim, após longos e profundos estudos e reflexões por parte de caldeus e egípcios, o ser humano concebeu as Casas Astrológicas propiciando maior certeza e precisão na análise do tema astral (outro sinônimo para Mapa Astral).

Muitas vezes pode ocorrer de um astrólogo usar um termo, mapa ou carta, para o desenho do esquema astrológico e um outro para a interpretação dele.

Um detalhe curioso para o leigo: pode-se fazer Mapa Astral de qualquer coisa! Um astrólogo poderá analisar a vida e as tendências de um cãozinho, de um empreendimento, de um casamento, de uma cidade, de uma idéia, etc.

Carta Astral a gente faz só uma vez na vida?

O desenho de sua Carta ou Mapa Astral natal (de nascimento – que vale por toda a vida) é um só, seja ele feito ontem, hoje ou amanhã; na Bahia, em Paris ou em Hong Kong. Então, conceitualmente você precisa fazer a interpretação de sua Carta Astral somente uma vez.

Mas, como a interpretação é sempre realizada por um profissional (jamais um computador, por melhor que seja, chegará perto do pior astrólogo em termos de interpretação) deve-se sempre considerar o fator humano. Queremos dizer com isso que cada astrólogo tem sua visão própria, sua abordagem especial, uma inclinação para determinado ângulo de enfoque e também seus próprios conceitos.

Apesar de procurar ser o mais imparcial possível, ele acaba "filtrando" as verdades indicadas pela simbologia astrológica de acordo com seus próprios parâmetros, tal como acontece com qualquer outro profissional.

Um astrólogo pode ser mais esperançoso e positivo, outro mais pessimista; um pode ser mais voltado para as questões materiais e financeiras, outro para as questões afetivas e outro ainda para as espirituais. Isso acontece, por exemplo, se você for avaliado por um psicólogo da linha freudiana, por outro da linha comportamental ou ainda por outro da linha da análise transacional. Mas, apesar de interpretações distintas, todos, astrólogos e psicólogos, não podem entrar em conflito quanto à verdade ou realidade de sua vida. As linguagens podem ser diferentes, e os assuntos enfocados, distintos, mas todos devem falar uma coisa só: a pessoa espelhada no Mapa Astral em questão.

Olhando, então, por este ângulo, muitas vezes vale a pena fazer a interpretação de seu Mapa Astral natal com diferentes profissionais. Assim você poderá descobrir que o que um profissional lhe falou o outro passou por cima, mas este outro pode ter-lhe dito coisas importantes que o primeiro nem considerou, talvez por não julgar relevante naquela ocasião.

Algumas pessoas confundem, por falta de informação, fazer o mapa ou Carta Astral natal com o Tema de Revolução Solar. Este é feito anualmente. Levanta-se outro Mapa Astral para o dia e horário exatos em que o Sol passa no preciso ponto em que ele estava quando a pessoa nasceu. Esse é um recurso da Astrologia preditiva.

A Carta Astral varia de acordo com a data e o local em que foi feita?

Quando falamos de uma carta ou Mapa Astral sempre estamos nos referindo a um evento em questão, geralmente ao nascimento de uma pessoa. Então, os planetas estão em constante movimento, tal como os carros no trânsito.

O nascimento de uma pessoa se dá em determinado horário, local geográfico e data. É certo que se mudarmos algum destes três parâmetros, o desenho esquemático astrológico, que é a Carta Astral, será drasticamente modificado.

Caso a pergunta se refira à interpretação da Carta Astral, se realizada quando a pessoa ainda é criança ou adulta, se no Hemisfério Norte ou Sul, se nas Américas ou na Ásia, bem isto não poderá fazer diferença alguma, pois se a Carta Astral reflete as características intrínsecas da pessoa ela tem de ser a mesma.

Pode acontecer que, se um astrólogo interpretar a Carta Astral de um bebê, ele acabe por dar ênfase na orientação dos pais quanto aos cuidados em relação aos pontos frágeis da saúde da criança, bem como de suas habilidades profissionais natas e o que pode atrapalhar o seu sucesso. Isso beneficiará a criança que poderá desde pequenina cuidar de bem se encaminhar para um futuro de sucesso, harmonia e felicidade em todos os campos, minimizando problemas de saúde, dificuldades de relacionamento ou trabalhando empecilhos para o futuro desenvolvimento profissional. Já na interpretação da Carta Astral de um adulto, seja realizada no lugar que for, tende a sofrer um foco nas questões de relacionamento, sexo e finanças – algumas vezes apresenta-se grande preocupação quanto à saúde e doenças sérias.

O fator que mais poderá fazer diferença na interpretação de uma Carta Astral, independentemente de data e local, é o astrólogo que a realiza. Por isso, é muito importante saber muito bem suas qualificações, o pensamento, o histórico e as referências do profissional que você irá consultar. Desconfie de astrólogos que só falam "coisas boas", ou lhe fazem acreditar que tudo será fácil. Tudo na vida tem um preço, o futuro não tolera inconseqüências, mas premia a prudência.

Quais as informações que preciso fornecer ao astrólogo para ele fazer minha Carta Astral?

As informações básicas são:

Seu nome para identificação da Carta Astral. Muitas pessoas perguntam se é melhor o nome de solteira ou de casada. Isso não faz diferença, pois, nesse caso, ele serve apenas para identificar a Carta Astral, não é elemento de análise tal como o seria na numerologia, por exemplo.

Local de nascimento. É importante localizar geograficamente onde aconteceu o nascimento da pessoa ou o evento em questão, razão da Carta Astral. Isso facilmente pode ser feito indicando-se a cidade, pois o astrólogo profissional tem como obter a posição geográfica de qualquer cidade do mundo, ou de outra mais próxima, caso esta cidade não seja muito grande, ou seja, muito recente para constar em suas referências. Algumas pessoas se preocupam se a distância entre uma fazenda onde se deu o nascimento da criança com a sede do município influencirá no cálculo da Carta Astral. Geralmente não faz diferença, mas o ideal é sempre nos referirmos à sede de cidade mais próxima que nem sempre é a que pertence à fazenda (caso de fazendas que se encontram próximas ao limite ou divisa de município cuja sede do município vizinho seja mais próxima da qual pertença). Pode acontecer de os pais registrarem a criança em municípios e até estados diferentes de onde nasceu por julgar mais "bonito" ou conveniente (como um bebê mexicano ser registrado nos Estados Unidos para poder gozar de cidadania americana). Astrologicamente, o local a ser considerado é o de nascimento, o lugar geográfico do momento do nascimento. Outro problema que ocorre é em nascimentos ou eventos (aniversário, por exemplo) ocorridos em plena viagem marítima, em cruzeiros. Neste caso, se a pessoa interessada não perguntar imediatamente a posição geográfica ao comando do navio talvez a informação se perderá e isso dificultará em muito o estudo astrológico desejado.

A data aparentemente é um dado que não apresenta problemas. Mas às vezes acontece de pessoas que foram registradas somente depois de anos. Isso era comum antigamente, quando os pais aguardavam o nascimento de várias crianças para "valer a pena" ir até a distante "cidade" só para registrar os pimpolhos. Como os filhos nasciam em Casa mesmo, nas mãos de parteiras, não havia registro e normalmente se perdiam os horários exatos e até mesmo os dias corretos de nascimento. É comum pessoas com dúvidas de qual idade têm.

A informação do horário é a determinante da precisão de um Mapa Astral. Quanto mais precisa for essa informação mais elementos o astrólogo terá para ser correto em suas interpretações e assim ajudar o cliente. Diferenças de até 20 minutos de hora podem não influir, sendo habitualmente tolerados pelos astrólogos. Mas em alguns casos especiais cinco minutos já são suficientes para mudar um Mapa Astral e conseqüentemente sua interpretação. Essa informação, se não constar em registro do hospital (nem sempre preciso), corre sério risco de equívoco. Geralmente a mãe é mais atenta para essa questão, mas devemos considerar que ela estava em trabalho de parto, sofrendo dores, ansiedade e preocupação. É sempre bom confirmar o horário com parentes, vizinhos, etc. O pai também nem sempre é a melhor fonte de informação nesse caso. Outro fator importante a ser considerado é se a pessoa nasceu em horário especial de verão. Nem todo lugar, nem todo ano, nem todas as pessoas, nem sempre no mesmo período estão sujeitos a essa determinação política. Uma hora de diferença no horário de nascimento muda muita coisa, deve-se estar atento a isso.

O que são elementos astrológicos?

O termo "elementos astrológicos" refere-se aos tradicionais quatro elementos esotéricos da natureza: terra, água, ar e fogo. Segundo a tradição, tudo o que existe foi criado com esses quatro elementos. A eles estão relacionados os quatro pontos cardeais (norte, sul, leste e oeste), as quatro estações do ano (primavera, verão, outono e inverno), as quatro fases da

Lua (nova, crescente, cheia e minguante) e muitas outras relações que podemos fazer.

Cada um desses elementos tem uma característica própria e inconfundível. Informações esotéricas nos dão conta de que esses elementos surgiram, na verdade, da dualidade inicial manifesta a partir do *Fiat Lux*. Após a "separação da luz e das trevas" a bipolaridade se apresentou de forma dual: como vibração e como manifestação. Assim, nos extremos da vibração existiram o quente (maior vibração) e o frio (menor vibração). Nos extremos da manifestação surgiram o úmido (que mistura) e o seco (que individualiza). Do "cruzamento" dos princípios da vibração e manifestação surgiram então os quatro elementos, desta forma: o quente e seco formou o fogo; o quente e úmido formou o ar; o frio e úmido formou a água e o frio e seco formou a terra.

Não é difícil compreender isso. Algo quente e seco pode chegar à autocombustão, pegando fogo. Algo que seja quente e úmido tende a evaporar, gerando movimento no ar. Algo frio e úmido tende a se condensar na forma de suor ou gotículas líquidas. Algo frio e seco cristaliza e se fixa como a terra e sua poeira.

O fogo é o elemento do espírito, do poder, da independência e da consciência. Ele traz capacidade, força, desenvolvimento, sucesso e identificação com a verdade e com o amor. É a lógica.

O ar é o elemento do relacionamento, ele promove o contato, a comunicação entre tudo que existe. Por isso é ágil, dinâmico, descontraído, brincalhão, leve, agradável, suave e variável. É o raciocínio.

A natureza do elemento água é de interiorização, sentimento, a criatividade, a sensibilidade. No mundo da água as coisas acontecem de forma lenta, obscura, profunda, intensa e artística. É a emoção, o sentimento.

O elemento terra tem por natureza a praticidade, a objetividade, a concentração, a concretização. Seu universo é repleto de seguranças, referências, dificuldades, limites e solidez. É o fato em si, nu e cru.

O que são modos em Astrologia?

Quando nos referimos aos modos astrológicos não estamos falando de etiqueta. Esse termo designa "como" ou "onde" os quatro elementos astrológicos podem atuar.

Existem três formas básicas possíveis de atuação de um elemento:

A forma precipitativa, que está em constante luta para construir algo, gerar feitos e conquistas, expandir suas possibilidades até o infinito.

Um elemento também pode atuar de forma a fixar as coisas a ele referentes, querendo manter a todo custo aquilo que já conquistou. É a forma conservadora, mantenedora.

A terceira e última forma possível de atuação de um elemento é a participativa, aquela que dispersa, distribui, partilha suas características. Nessa condição há uma abnegação, um desapego buscando uma fusão com o Todo.

Em Astrologia foi dado o nome de Cardinal ao modo precipitativo de ser – modo que lidera; o nome de Fixo ao modo conservador ou cristalizador – modo que administra –, e de mutável ao modo participativo, abnegado de ação dos elementos – que distribui.

Esses três modos também têm relação com a terminologia hindu de Rajas, Tamas e Satwa, respectivamente. A eles, podemos ainda relacionar as forças elétrica, magnética e térmica ou cinética; ou ainda às forças centrífuga, centrípeta e orbital, por exemplo.

Rajas é a força criadora em ação, é como um poder masculino que emancipa, gera e produz a vida. Tamas traz a idéia de ilusão, de sedução e de magnetismo que atrai e prende. Satwa é a pulverização que, para uns, pode ser a destruição, para outros, a transcendência, a mutação final para o estado original.

O estudo da formação dos quatro elementos pela composição ou produto resultante entre vibração e manifestação, e dos três modos de atuação, nos leva a começar a compreender a beleza que é a Criação. Em um estudo detalhado podemos observar que um processo se desdobra no outro e todos estão maravilhosamente inter-relacionados.

Não se pode separar totalmente o positivo do negativo, da mesma forma que não dá para isolar a energia elétrica da magnética. Em Matemática, por exemplo, existem os números reais e os números imaginários, mas a realidade é a composição entre esses dois conjuntos de números formada pelos números complexos. A idéia de positivo, negativo e neutro permeia tudo que existe.

Fale um pouco de meu signo...

Este é o pedido mais comum ouvido por um astrólogo. Por mais que as pessoas saibam sobre seu signo, sempre pedem para ouvir mais, talvez com a esperança de aprender algo novo e verdadeiro sobre si.

Os signos, na verdade, devem ser considerados pelo elemento e modo que o formam. É como olhar um carro e considerar sobre seus conjuntos carroceria/lataria e motor/combustível. Essa análise revela o que o signo tem de mais profundo e verdadeiro, propicia a compreensão da sua natureza, algo que fica muito além do que o simples ato de decorar o que cada signo significa ou rege.

Os signos de fogo são os seguintes:

Áries age de modo Cardinal e por isso é sinônimo de ação, ação e mais ação. Tem força, coragem e energia para fazer e acontecer até demais. Ele dá o exemplo de forma simples e sincera. É o pioneiro.

Leão age de modo Fixo, busca conservar o prestígio ou o sucesso conquistado. Ele então brilha de uma forma mais concentrada e por isso se destaca, lidera e distribui justiça. É o grande líder.

Sagitário é o fogo atuando de forma transcendental, tal como a chama de uma vela. Ele quer partilhar a verdade e o amor com todos, abre mão de seu sucesso para poder propiciá-lo a outros. É o mestre.

Os signos de ar são os seguintes:

Libra é o ar precipitado, ou seja, o desejo de relacionamento levado ao extremo. Por isso rege os casamentos, os acordos comerciais e o exercício do direito que visa à constante harmonia no relacionamento social humano. É o sócio.

Aquário é Fixo. Ele busca manter os contatos estabelecidos, por isso rege a revolta contra tudo que injustamente limite o ser humano. É a busca da identificação com o grupo, com o ideal comum. É o amigão do peito.

Gêmeos dispersa suas informações e relacionamentos entre todos. É aquele que diz sempre "sei quem pode te ajudar". Fica feliz em informar o pouco que sabe, passar adiante tudo que pode aprender. É o "irmão" de caminhada.

Os signos de água são:

Câncer, pelo forte desejo de unir emoções, apega-se à família, às suas tradições, cultura e hábitos. Adora fotografias, cuidar de plantas ou animais e ver a vida se desenvolver em todos. É o colo aconchegante, o ombro amigo.

Escorpião busca conter suas emoções, segurar esse elemento fluídico e assim se torna um profundo conhecedor das características emocionais suas e das outras pessoas também. Controla os acontecimentos. É o grande sedutor.

Peixes entrega seus desejos pessoais em prol do todo e de todos. É um signo ligado às manifestações da beleza, reflexo da perfeição de Deus na Criação. Não se crê dono de si ou com direito de reivindicações. É o sacro-ofício.

Os signos de terra são:

Capricórnio é o executivo nato. Pega o que existe de concreto e bruto na natureza e o transforma para o bem de todos. Ele tem habilidade para industrializar coisas, levantar construções sólidas e seguras.

Touro traz a idéia da conservação das coisas boas e concretas já conquistadas. Ele procura cuidar muito bem do que lhe pertence, fazendo durar ao máximo aquilo que usa com todo o cuidado. É o bom administrador.

Virgem, por desejar encontrar o transcendental naquilo que existe de concreto da vida, torna-se um crítico disposto a ajudar seu semelhante no que for prático, que possa trazer saúde ou benefício profissional. É o "pé-de-boi".

Por que os signos são como são? Quais as origens de suas definições?

Esta é uma pergunta rara, mas que traz a curiosidade sobre a essência de cada signo, por que de suas diferenças e principalmente a justificativa da existência e funcionalidade real de cada um. Ou seja, é um questionamento sutil se a Astrologia é algo inventado por algum maluco e que, perpetrado por outros, ganha adeptos mais malucos ainda.

Em meu estilo de estudo da Astrologia não se aceita a resposta "é porque é, porque Deus quis". Precisamos conhecer e compreender as razões das coisas. Decorar definições e aceitá-las não deve fazer parte do estudo e da prática astrológica, a meu ver.

A razão de ser de cada signo encontra-se não em seus nomes, figuras mitológicas ou animais, atribuições tradicionais ou coisas que o valham. Suas razões residem em sua formação, sua origem. Os nomes dos signos são como que uma simplificação dessa origem que, ela sim, explicita claramente a natureza e qualidades naturais que os signos analogam (termo astrológico que quer dizer: tem analogia, semelhança).

Assim, por exemplo, ao se pensar na simbologia do signo de Aquário habitualmente as pessoas são levadas ao equívoco de acreditar que se trata de um signo do elemento água e conseqüentemente de grande apelo emocional, o que é totalmente errado. Agora, se dissermos que o signo é do elemento Ar atuando de forma fixa, o conceito muda totalmente. Mesmo o mais leigo em Astrologia associará a imagem deste signo com a natureza do ar conhecido e de uma forma fixa deste agir: o ar é rápido, ágil e está entre tudo e todos, ligando e propiciando a comunicação (sem ar não há som, por exemplo), e se é Fixo, traz a idéia de procurar manter essa comunicação ou contato com todos. Ou seja, a idéia de associar um clube, um sindicato, um grupo de intelectuais ou mesmo a informática com ele (Ar Fixo = signo de Aquário) já não irá parecer estranha, nem mesmo será necessário se decorar sua definição para não a esquecer.

A melhor forma de se estudar e se compreender a Astrologia é olhando os signos desta forma. Ela exige um pouco de esforço inicial, mas liberta a pessoa do jugo das definições e da dependência de conclusões de terceiros. Compreendendo a natureza dos elementos e modos de atuação (algo muito mais simples e fácil) não terá dificuldades em dominar toda a simbologia astrológica.

Por que determinado planeta rege tal ou qual signo e não outro? O que determina isso?

Realmente são duas naturezas totalmente diferentes entre si, planetas e signos. Os planetas são ativos, móveis e por isso definem as ações realizadas ("o que se faz") dentro de suas características. Os signos, por onde os planetas transitam, conferem a forma ou "como" os planetas agem. Em uma Carta Astral existe ainda um terceiro fator que irá nos informar "onde" essa ação acontece de determinada forma, são as Casas Astrológicas que nos indicam os setores de nossa vida.

A regência de um signo por um planeta se dá por afinidade, por semelhança de princípios. É uma "sintonia" entre eles; essa harmonia se deve a fatores presentes na Criação, na Manifestação do Universo criado, pois tudo ocorre dentro de determinadas Leis Cósmicas e, portanto, tem uma relação direta ou indireta dentro dessas leis. É por isso, por exemplo, que muitas coisas seguem a dualidade: luz/trevas, bem/mal, masculino/feminino, positivo/negativo, vida/morte, etc. Nesse exemplo, chamamos de forma simplista esta lei de "Lei Cósmica da Dualidade".

É comum essa sintonia entre planeta e signo ser tão forte que o estudante iniciante acaba por confundir e achar que existe uma definição comum tanto para um signo quanto para seu planeta regente. Ou seja, que são a mesma coisa. Mas não é bem assim. Durante o estudo em si essa afinidade entre planeta e signo fica tão evidente que não há como questionar a regência. O estudante pode acabar por concluir, erroneamente, que o planeta como que "nasceu" ou surgiu do signo, que é um produto deste.

As diferenças começam a aparecer quando se percebe que o signo é passivo, ele apenas "emana" sua luz (princípios, consciência, verdade, amor) ou condiciona, a seu modo, a forma que o planeta irá agir realizando o que cabe à sua natureza. Se ainda assim o estudante não teve clara essa distinção, quando ele descobrir que um planeta (dos sete considerados na Astrologia tradicional – porque eram os astros visíveis a olho nu) rege determinado signo de dia e outro de noite. Essa regência "diurna" e "noturna" refere-se apenas à forma ativa e passiva de ação do planeta. O planeta é um catalisador de forças, ele gera movimento e resultados. O signo fornece elemento, força, sentido, matéria-prima para que o planeta produza efeitos.

O que é signo intercalado e signo interceptado?

Na análise de uma Carta Astral moderna, pode ocorrer signos intercalados e signos interceptados. Isso não é raro de acontecer, mas é raro o astrólogo usar esse termo ao falar com o cliente leigo. Por isso muitos podem nunca ter ouvido falar nisso.

Essa situação é resultado do cálculo das Casas Astrológicas. Desde que as Casas Astrológicas foram concebidas pelos antigos astrólogos, foram desenvolvidos diversos métodos matemáticos para se calculá-las. Por que isso? Porque, de uma forma simples, as Casas Astrológicas são a divisão do dia (de 24 horas) em doze partes, à semelhança da divisão do ano pelos doze signos. Assim, teoricamente, a cada duas horas nosso dia recebe as características de um signo diferente. Mas essa divisão do dia em doze não pode ser em partes iguais, pois dependendo da posição geográfica em que se encontra o Sol pode nascer mais cedo ou mais tarde, o mesmo acontece com o pôr-do-sol. Aí ocorre algo semelhante a um efeito tipo "sanfona" que pode encolher determinadas Casas Astrológicas e aumentar outras, sem, contudo, alterar o número delas, que é sempre doze.

Ao se levantar (calcular e desenhar) uma Carta Astral, dispõem-se inicialmente os planetas nos signos. Em seguida, coloca-se sobre esse desenho a divisão do dia de acordo com o cálculo das Casas Astrológicas. Assim, demarca-se onde começa e termina uma Casa (iniciando-se a outra seguinte) e essa demarcação se dá sobre o zodíaco, ou seja, sobre os signos (em qualquer local de seus 30 graus de extensão).

Em Astrologia é muito importante o signo onde está o início da Casa Astrológica. Ele determinará a natureza principal desta Casa. O "pedaço" ou parte do outro signo que estiver dentro do espaço (pode ser igual, menos ou mais de 30 graus) da Casa (semelhante a uma fatia de *pizza*) é o que se chama de signo intercalado. Esse signo só terá importância nos assuntos da Casa em questão se nele estiver algum planeta para evidenciar sua natureza.

Se a Casa Astrológica for grande (maior que 30 graus) e acontecer de um signo ficar inteiro em seu interior (sem conter o início e nem o final da Casa), esse signo é chamado de interceptado. Na verdade, isso acontecerá na forma de "eixo", ou seja, o signo oposto também estará interceptado na Casa Astrológica oposta.

Na interpretação isso significa que a pessoa terá dificuldades com os assuntos daquele signo dentro da área de sua vida indicada pela Casa Astrológica. A pessoa não tem nada que traga à tona ou evidencie a natureza desses signos. Às vezes acontece de ela ter planetas nesse eixo de signos interceptados, planetas que estão em oposição (em signos opostos, na mesma posição em graus de seus signos). Nesse caso, a pessoa será obrigada a buscar solução de algum desafio em sua vida em alguma área que desconhece (indicada pelos signos e casas envolvidas).

Qual a "influência" dos planetas na Astrologia?

O conceito de planeta é o mesmo de "mensageiro", neste caso seria das estrelas (signos ou constelações).

Em Astrologia os planetas "funcionam" como grandes "lentes" que facilitam a chegada da luz oriunda dos signos ou constelações até nós, aqui na Terra. Eles "canalizam"; são como janelas que têm um filtro especial, cada um com característica particular.

Então, a luz estelar que esteja em local sem um planeta para fazê-la chegar até nós (concentrando, facilitando e até direcionando esta luz) praticamente não reflete ou simboliza qualquer tendência psíquica (erroneamente tida como "influência astral") sobre nós.

Em contrapartida, o planeta sobre um signo (na verdade em um determinado ponto desse signo, pois o signo "cobre" ou estende-se por 30 graus de arco e o planeta só de estar em um único e determinado lugar do círculo zodiacal) nos traz, sim, a luz desse signo até nós. Porém, esse planeta imprime nessa luz a sua característica. Por exemplo: imaginemos que do signo de Gêmeos seja emitida uma luz amarela pura e temos o planeta Vênus nesse signo. A natureza de Vênus é de cor azul-escura. Então, a luz que foi emitida amarela passou pelo "filtro" azul e chega até o "dono do Mapa Astral" como verde! Usei didaticamente o artifício das cores e filtros coloridos para que se possa compreender como "funciona" a ponte que o planeta realiza entre o signo e nós.

Os planetas ditos esotéricos são aqueles que eram vistos desde muito antigamente, quando ainda não existiam telescópios. Eles eram: Sol, Lua, Vênus, Marte, Mercúrio, Júpiter e Saturno. Com o desenvolvimento científico, astrônomos e matemáticos (sim, houve planeta que foi descoberto primeiro por matemáticos e depois pelos astrônomos) foram descobrindo Urano, Netuno e Plutão. Apesar de todos os planetas haverem recebido nomes mitológicos, Plutão foi assim nomeado pela filhinha de seu descobridor que gostava muito do desenho do Pluto, o cachorro do Mickey Mouse, e por isso ela deu esse nome ao planeta, respondendo ao pedido do pai.

O Sol rege a vida, o amor, a verdade, a justiça e a figura masculina em toda a sua esfera.

A Lua rege a família, a nutrição, o afeto, a intimidade, o romance e a figura maternal e companheira.

Vênus rege a beleza como reflexo da harmonia perfeita da Criação, o prazer da vida e a alegria.

Marte rege a coragem a serviço da verdade e da justiça, o instinto de conservação da vida que Vênus dá valor.

Júpiter rege a nobreza da alma elevada, a sabedoria da visão madura e correta das coisas, a felicidade plena.

Saturno rege tudo que sustenta o que seja correto e duradouro, é o astro do tempo e da responsabilidade.

Urano rege a inovação levada aos seus extremos, a liberdade a todo custo e a igualdade comum.

Netuno rege a sensibilidade e a reverência ao que está acima de tudo e de todos, tudo que seja sutil e intangível.

Plutão rege o que está latente, o potencial profundo poderoso e imanifesto, o poder superior e onipotente.

Sol e Lua são planetas?

Em Astronomia, filha científica e racional da Astrologia, o Sol é uma estrela de quinta grandeza e a Lua é um satélite natural da Terra. Ou seja, não se enquadram nos parâmetros de tamanho, massa e órbita para serem considerados planetas. Além disso, em Astronomia, planeta não tem luz própria, como é o caso do Sol. Pelo contrário, um planeta orbita em torno de uma estrela, o que não acontece com a Lua.

Mas em Astrologia Sol e Lua são considerados planetas, não com o sentido astronômico da palavra, mas como "vórtices energéticos", janelas de passagem da luz cósmica, pontes de entrada e saída das características estelares, filtros de luz que catalisam as características cósmicas em uma via dupla. Se abordarmos o assunto por esse ângulo, veremos que isso é apenas uma questão de dialética.

Na verdade poderíamos chamar, em vez de "planetas", por vórtices (redemoinhos de entrada e saída), por exemplo.

Mas, como esses "vórtices" referem-se a astros, a tendência natural é não complicar e manter a nomenclatura e classificação que eles, os astros, têm desde antes da ciência acadêmica. Faz alguma diferença para a Astrologia chamar o Sol de planeta ou estrela? Não! Para a Astronomia faz? Sim! Então, cada uma fica com sua designação e não se discute mais isso, certo?

Um detalhe importante é que Sol e Lua são considerados os "luminares" em Astrologia, ou seja, aqueles que, de alguma forma, significam luz em uma Mapa Astral. Luz em Astrologia é tudo, quando falamos de Astrologia estamos abordando signos compostos por estrelas que irradiam luz! E luz, segundo a tradição da qual a Astrologia surgiu, é o mesmo que verdade, amor, vida e Deus. Ou seja, o Sol nos traz a idéia do arquétipo ou princípio simbólico masculino de Deus e a Lua, o feminino. Eles simbolizam nossa vida desde sua concepção, seu parto, desenvolvimento, maturidade, decrepitude e fenecimento. Estão presentes na razão de nossa existência, simbolizam nosso pai e nossa mãe sem os quais não existiríamos, o Criador e a Criação. Por isso são um pouco diferentes, "especiais", em Astrologia.

―――

O que significa ter planetas retrógrados na Carta Astral?

O termo "retrógrado" quer dizer "andando para trás". Na verdade, nenhum planeta anda para trás ou muda de sentido em sua rotação em torno do Sol. Esse é outro ponto de discussão entre astrônomos e astrólogos. Novamente isso ocorre porque o astrônomo não conhece como se aplicam os conhecimentos astrológicos e talvez porque a maioria dos astrólogos não sabe explicar isso.

Como explicado na pergunta "Qual a 'influência' dos planetas na Astrologia?", o que tem real significação e importância em termos de análise e interpretação astrológica é a linha reta entre a Terra (o indivíduo posicionado geograficamente no centro do círculo zodiacal), o planeta que é a "janela" e o signo que está ao fundo do planeta. Dessa forma, a Astrologia é geocêntrica (tem a Terra como centro do movimento planetário QUE LHE INTERESSA), ou, em outras palavras, antropocêntrica (tem o homem como centro do Universo). Para a Astrologia não tem "influência" o fato de os planetas girarem em torno do Sol e este ao redor de Sírius e daí por diante. Qual é mais importante para você: a paisagem que existe atrás de uma parede sem janela de sua Casa ou a que se pode ver pela janela da sala ou de seu quarto? Pois é! Em Astrologia nos importam os signos que podemos "ver" através das janelas ou lentes que são os planetas. Nesse caso, semelhante ao movimento dos carros no trânsito, um planeta com uma órbita diferente à da Terra (cada planeta tem sua órbita particular), muitas vezes em razão de seu movimento, parece estar andando para trás. Apesar de isso ser apenas aparente é determinante em Astrologia, pois nos interessa é o que vimos ou sentimos acontecer atrás desta janela, vórtice ou lente, chame como quiser. Você já andou no trânsito e pareceu que o carro ao seu lado parecia ter engatado ré, mas na verdade estava apenas mais lento que o seu? É isso que ocorre.

Em uma interpretação astrológica, a condição retrógrada de um planeta nos indica que a pessoa tem dificuldades no que se refere à atividade relativa àquele planeta. Ele tende a se manifestar de forma inversa ao seu natural, não perde sua característica, mas ao invés de ser ativo passa a ser passivo. Por exemplo:

Saturno, que rege a ordem, passa a ter dificuldade em mantê-la em sua vida, Júpiter, que é a misericórdia, torna-se intransigente e egoísta; Marte; que é a força, passa a significar fraqueza.

Na análise da Astrologia cármica costuma-se relacionar o planeta retrógrado com pendências de vidas passadas: coisas "erradas" feitas (uso incorreto das energias daquele planeta, desvirtuando suas funções evolutivas) ou coisas que deveriam ter sido feitas e que não foram realizadas, faltando-se assim o nativo ao cumprimento da lei cósmica que diz que devemos fazer bom uso de nossos dons naturais, sempre em prol da evolução e do todo.

O que são Casas Astrológicas?

As Casas Astrológicas foram concebidas pelos antigos astrólogos. Caldeus e egípcios se destacaram na história da Astrologia tendo sido documentada a "criação das Casas Astrológicas" aos últimos. Foram desenvolvidos diversos métodos matemáticos para se calcular as Casas Astrológicas e olha que antigamente não existiam computadores. Naquele tempo, o cálculo de uma Carta Astral só era realizado para a nobreza e mesmo assim demoravam-se meses, às vezes anos, para ser levantados.

Por que tanto estudo e diversos sistemas para o cálculo das Casas? Porque, de uma forma simples, as Casas Astrológicas são a divisão do dia (de 24 horas) em doze partes, à semelhança da divisão do ano pelos doze signos. Assim, teoricamente, a cada duas horas nosso dia (na verdade parte dele) recebe as características de um signo diferente.

Conforme exliquei anteriormente, essa divisão do dia em doze partes não pode ser em partes iguais, pois dependendo da posição geográfica em que se encontra, o Sol pode nascer mais cedo ou mais tarde, o mesmo acontece com o pôr-do-sol. Aí ocorre algo semelhante a um efeito tipo "sanfona" que pode encolher determinadas Casas Astrológicas e aumentar outras, sem, contudo, alterar o número delas que é sempre doze.

Ao se levantar (calcular e desenhar) uma Carta Astral, dispõem-se inicialmente os planetas nos signos. Em seguida, coloca-se sobre esse desenho a divisão em doze partes de acordo com o cálculo das Casas Astrológicas. Assim demarca-se onde começa uma Casa e onde ela termina (iniciando-se a outra seguinte) e esta delimitação se dá sobre o Zodíaco, ou seja, sobre os signos (cada início de Casa em um dos 30 graus de extensão de cada signo).

Em Astrologia é muito importante o signo onde está o início da Casa Astrológica. Ele determinará a natureza principal desta Casa.

Por analogia ao signo de Áries, a Casa Um refere-se à personalidade da pessoa, sua aparência e saúde.

A Casa Dois tem semelhança a Touro e fala sobre nossos valores, o que temos e queremos conservar.

A Casa Três, semelhante a Gêmeos, indica nossa habilidade na comunicação, no relacionamento, no raciocínio.

A Casa Quatro tem analogia com o signo de Câncer nos remetendo ao ambiente familiar, tradições e cultura.

A Casa Cinco, semelhante a Leão, indica o período da descoberta do amor, do sexo e de si mesmo.

A Casa Seis, analogamente a Virgem, traz as tendências de nosso aprimoramento, nossa contribuição e saúde.

A Casa Sete, que tem Libra por analogia, rege as uniões formalizadas, o contato social e suas leis.

A Casa Oito, assim como Escorpião, diz respeito à privacidade das uniões, ao segredo profundo da alma, ao sono.

A Casa Nove, tal como Sagitário, nos fala da nobreza da pessoa, de sua felicidade, justiça, sorte e prosperidade.

A Casa Dez, analogamente a Capricórnio, nos remete às realizações profissionais, ao futuro e às regras sociais.

A Casa Onze, em semelhança a Aquário informa sobre os verdadeiros amigos com o mesmo ideal e os projetos.

A Casa Doze, tal como Peixes, indica a necessidade da espiritualidade, a filantropia e a abnegação pessoal.

O que é Ascendente?

Dentre as doze Casas Astrológicas existem quatro que têm nomes específicos, pois realmente se destacam em uma análise contendo informações que mudam a vida da pessoa ao longo da existência. O Ascendente é um desses casos.

Na verdade, esses nomes especiais não são das casas em sua totalidade mas apenas do ponto onde se inicia a Casa. Dessa forma, não se deve confundir, por exemplo, o Ascendente (ponto onde se inicia a Casa I) com a Casa I (cerca de 30 graus de arco).

As outras cúspides de casas, como se chamam esses "inícios" das casas, com nomes especiais são: Fundo do Céu, ou IC (abreviatura de fundo do céu escrito em latim), que é a cúspide da Casa Quatro; DESC ou Descendente, oposto ao Ascendente, cúspide da Casa Sete; e Meio do Céu ou MC (*Midi Cuelum*, meio do céu em latim), início da Casa Dez.

Essas Casas, chamadas Casas Cardinais (por analogia aos signos cardinais ou precipitativos ou ainda rajásicos que elas analogam: Áries, Câncer, Libra e Capricórnio), são fundamentais na vida de qualquer pessoa, pois representam respectivamente: a própria pessoa, sua família, seu casamento ou vida social e seu trabalho.

O que acontece nesses setores da vida de cada um (signos e planetas aí dispostos, seus planetas dispositores e aspectos recebidos) afeta por demais toda a sua existência. Por outro lado, essas cúspides se referem também a momentos cruciais do dia: o nascer do Sol, símbolo da vida, saúde, amor e sucesso pessoal; o meio-dia, símbolo da culminância do Sol e início de seu declínio, momento frágil e delicado; o pôr-do-sol, "morte" simbólica do Sol e vida, início do reino das sombras e da matéria; e meia-noite, máximo poder material, início do renascimento do Sol da individualidade perdida no processo de sociabilização material.

O termo "Ascendente" vem do grego "horóscopo" que quer dizer: "observo aquele que nasce". Ou seja, designamos de Ascendente o ponto exato do signo que está nascendo no horizonte no momento ou evento astrológico. Esse momento ou evento astrológico pode ser a primeira inspiração do bebê (nem sempre isso ocorre quando ele sai do útero; tive um aluno que demorou dez minutos para começar a respirar após nascer), o momento exato da assinatura de contratos e documentos, o início da primeira reunião da Câmara de Vereadores de uma cidade recém-emancipada, etc.

O que é e quais são os aspectos astrológicos?

Os aspectos astrológicos são os contatos que os planetas têm entre si de acordo com as distâncias angulares existentes entre eles. Como em Astrologia tudo se faz em termos de círculo zodiacal, o cálculo é sempre em arco de grau, ou seja, distância angular (toma-se o centro do zodíaco como referência e mede-se a distância entre dois pontos posicionados nos signos do Zodíaco – limite do círculo zodiacal).

Existem diversos aspectos astrológicos, mas os principais, mais usados e evidentes em nossa vida são apenas cinco: a Conjunção que ocorre com a distância de 0 grau entre um planeta e outro; Sextil, a distância de 60 graus de arco entre os planetas envolvidos; Quadratura, resultado da distância de 90 graus entre eles; Trígono, quando a distância entre os planetas atinge 120 graus, e a Oposição, com a distância agular de 180 graus entre os pontos astrológicos envolvidos.

Esses aspectos se dividem entre propícios e desafiantes.

Dentre eles, a conjunção pode tanto ser propícia quanto desafiante, pois ela mistura as características dos planetas envolvidos que pode resultar na confusão de ambos ou às vezes no "sumiço" de um deles. Se na Conjunção estiver presente algum dos planetas considerados terríveis (Marte, Saturno, Urano, Netuno e Plutão), ela pode ser considerada como desafiante. Se nela houver somente planetas positivos ou neutros (Sol, Lua, Mercúrio, Vênus, Júpiter), ela poderá ser considerada propícia.

Os aspectos Sextil e Trígono são considerados propícios ou harmônicos porque "jogam para cima" as coisas envolvidas com suas regências. São facilitadores que beneficiam muito o tema astral. O Sextil é apenas um pequeno e rápido "ensaio" de benefícios enquanto o trígono é uma grande dádiva da vida. As harmonias sempre ocorrem entre signos/casas de modo de atuação diferente. Assim, envolvendo elementos iguais ou não, cada qual atua em "um plano" diferente (modo) formando uma cooperação propícia e harmônica para o todo (alternam entre liderar, administrar e distribuir).

Os aspectos Quadratura e Oposição são considerados desafiantes, pois lançam desarmonia onde estão e exigem atenção constante aos assuntos por eles simbolizados (dependendo dos signos, casas e planetas envolvidos). Geralmente são oportunidades para o crescimento, mas desafios que persistem por toda a vida, exigindo muitos anos de estudo e trabalho para que se consiga minimizar a desarmonia por ele simbolizada. As desarmonias sempre ocorrem entre signos/casas de modo de atuação igual. Assim eles atuam em "um plano" igual (modo) formando um conflito desarmônico para o todo (lutam para liderar, administrar ou distribuir ao mesmo tempo, mas cada qual com seu modo peculiar de ser). A melhor forma de tentar "resolver" essa tensão planetária é usar as habilidades do planeta mais rápido envolvido no aspecto para realizar o que o mais lento exige (é uma questão de hierarquia, principalmente se envolvendo planetas pessoais – Sol, Lua, Mercúrio, Vênus e Marte – externos – Urano, Netuno ou Plutão).

Os aspectos podem envolver também, além de planetas, um ou dois pontos astrológicos, tais como: Asc., IC, Desc., MC, Cabeça ou Cauda de Dragão, Lilith, Roda da Fortuna, etc.

O que são decanatos?

Os antigos estudos astrológicos muito contribuíram para "desenvolver" elementos de análise que nos possam dar cada vez mais detalhes na interpretação de uma Carta Astral.

A Astrologia se desenvolveu demais com a contribuição árabe, dos caldeus e egípcios. Os decanatos foram concebidos para pormenorizar a análise das características de um signo e do planeta que esteja em seu interior. Quando escrevo concebido quero dizer que os mestres/sacerdotes que estudaram longamente, por centenas de anos, a Astrologia, em virtude desta busca conduzida por suas almas, acabaram por "receber" por intuição, dos planos superiores, por meio do que hoje chamamos de *insights* verdades astrológicas nunca antes conhecidas. Isso aconteceu no passado, acontece no presente e acontecerá no futuro, pois o ser humano só usa da Astrologia a quantidade de conhecimentos que sua consciência comporta. Se o homem usa hoje 3%, 10% ou mesmo 30% de sua consciência, podemos dizer que nem a metade do conhecimento que a Astrologia pode nos fornecer foi concebida e disponibilizada para todos.

Quando estudamos Astrologia, estamos aprendendo sobre as Leis Cósmicas, as leis que regem toda a Criação, desde o Imanifesto. Então, podemos dizer que, com a simbologia e princípios astrológicos, podemos estudar a Origem de toda a Vida Manifesta, com os seus detalhes, peculiaridades e desdobramentos. Esotericamente, a Astrologia nos propicia acesso ao terceiro plano (dos sete), olhando-se de cima para baixo (ou o quinto de baixo para cima), ou seja, o Plano Causal. Esse é o plano que contém a razão, a causa de tudo que existe a partir do Incriado. Algumas escolas de ensino iniciático denominam esse plano de Mental Abstrado, ou Manas Superior. Acima dele existem os planos Búdhico, ou da Consciência, e Átmico ou Divino propriamente dito.

"Decanatos" então é a divisão dos 30 graus de um signo em três partes, cada qual com 10 graus. Cada parte dessa, esotericamente, é regida por um Gênio ou Decano. Astrologicamente, o primeiro decanato de um signo é regido pelo planeta que o rege. Por isso muitos consideram como puro signo a pessoa que nasceu no primeiro decanato. O segundo decanato é regido pelo planeta regente do próximo signo do mesmo elemento que o signo em questão. O terceiro decanato é regido pelo planeta regente do último signo da trilogia do elemento. Por exemplo: Escorpião – o primeiro decanato é regido por Plutão ou Marte "noturno", o segundo decanato é regido por Netuno ou Júpiter "noturno" (Escorpião = elemento água, o próximo signo de água é Peixes, regido por Netuno ou Júpiter – normalmente a "roda zodiacal" gira no sentido anti-horário) e o terceiro decanato é regido pela Lua (o último signo de água, a partir de Escorpião, é Câncer).

Pessoal/ Relacionamentos

Qual signo combina com o meu?

Essa é uma pergunta clássica, assim como sua resposta.

Profissionalmente um astrólogo não pode reduzir uma pessoa apenas ao seu signo solar (onde o Sol se encontrava quando ela nasceu). Existem pelo menos mais nove planetas a ser considerados, e ainda outros pontos da Carta Astral, tais como Cabeça e Cauda de Dragão e Lilith. Além dos planetas, para compor o que é a pessoa temos de analisar os aspectos que os planetas fazem entre e ainda, principalmente, as posições das Casas Astrológicas e seus conteúdos (planetas com aspectos). Ou seja, reduzir a pessoa somente ao seu signo solar é desconsiderar cerca de 90% de sua Carta Astral e perder-se com isso profundidade e precisão. Uma análise realizada nessas bases talvez não sirva de nada, pois a probabilidade de equívoco é tão grande que não vale a pena considerar o que se diz.

Fazer esse tipo de pergunta a um astrólogo profissional é o mesmo que indagar para um médico se "doril" é bom para dor de cabeça. Possivelmente o médico responderá que a pessoa precisa ir até seu consultório, fazer um diagnóstico completo para saber as origens da dor de cabeça, que é em si somente um sintoma que pode estar denunciando um problema gástrico, nervoso, hepático, intestinal, vascular e sabe-se lá o que sem um exame preciso realizado da forma correta no local correto. Caso anule-se o sintoma da dor de cabeça, a pessoa poderá estar encobrindo um alarme de uma doença grave que poderá ser muito perigosa.

Muitas vezes, para não se indispor com a pessoa que não conhece profundamente a Astrologia e por isso não sabe que sua pergunta é complexa e exigiria um estudo detalhado, o astrólogo lhe explica que os signos do mesmo elemento tendem a ser harmônicos, ou seja, a se combinar. Mas existem diversos fatores que podem mudar muita coisa, pois quantas pessoas do mesmo signo a gente conhece, mas que são tão diferentes?

Na análise de uma Carta Astral, alguns signos geralmente podem ser indicados como "bons" a princípio para tal ou qual assunto específico. Mas o ideal é sempre realizarmos o estudo da Sinastria.

O que é Sinastria?

É uma técnica astrológica usada para o estudo detalhado das tendências de um relacionamento. Somente é possível realizar sinastria entre duplas de pessoas.

A Sinastria pode ser usada para casais, para sócios, para análise de relação entre secretária e gerente ou diretor, entre diretor e empresa, entre candidato a prefeito ou presidente e sua cidade ou país, etc.

Para se fazer a Sinastria, o astrólogo precisa ter em mãos os dados das pessoas envolvidas e levantar suas cartas astrais. Em seguida, procede-se ao "cruzamento" entre elas. Ele irá analisar os aspectos astrológicos que os planetas fazem entre si, um a um. Depois estuda a posição que os planetas de um ocupa nas Casas Astrológicas da Carta Astral do outro e vice-versa. Alguns astrólogos aliam a esse estudo a análise da Carta Astral média, resultado da fusão das duas anteriores.

O que se pode esperar de uma Sinastria? Na prática, é quase impossível um relacionamento, seja ele de que natureza for (amorosa, social, comercial ou profissional), totalmente harmônico e positivo. Então, na Sinastria ficam evidentes os pontos de cooperação e de desarmonia. Mais que isso, a análise da Sinastria informa o "porquê" da desarmonia em tal ou qual aspecto e com habilidade o astrólogo poderá orientar em como se pode resolver ou contornar o problema. O mesmo ocorre com as harmonias que devem ser destacadas para que os envolvidos se aproveitem delas para o sucesso da união e talvez até contrabalançar as desarmonias.

No final teremos um quadro com prós e contras, cada qual com valores, áreas e situações totalmente diferentes que inviabilizam uma somatória final fria para que cheguemos a um resultado do tipo "vale a pena ou não?". O quadro é apresentado ao interessado a quem cabe ponderar com seus valores, objetivos e disposição.

Como disse, praticamente não existem relações perfeitamente harmônicas (nem sei se isso seria interessante em termos de crescimento e desenvolvimento), muitas vezes até são as desarmonias as responsáveis para a manutenção do relacionamento (as harmonias são tão boas e suaves que não prendem fortemente os envolvidos que acreditam poder se encontrar e se dar bem quando quiserem). Mas uma Sinastria com mais desarmonias que harmonias ou com desarmonias muito pesadas nos assuntos que são a razão do estudo pode aconselhar o repensar da parceria ou uma pesquisa melhor das características das pessoas envolvidas.

Uma vez fiz uma Sinastria de um casal: uma psicóloga e um juiz de direito que desejavam se casar. O resultado não foi positivo, mas "namorados escutam só o que desejam". Eles destacaram as harmonias indicadas e minimizaram as desarmonias. A sorte é que não se casaram em breve, pois alguns meses depois romperam o relacionamento. Também fiz uma Sinastria para duas grandes amigas que queriam abrir um negócio juntas. Também nesse caso o resultado foi bem claro: como amigas, "ótimo"; como sócias, "terrível". A análise se mostrou eficiente.

Com a Astrologia posso encontrar minha alma gêmea?

Principalmente para as mulheres, que dão mais valor ou expõem com mais coragem suas emoções, a questão afetiva é de capital importância. Em geral, são elas que vêm com esse tipo de questão.

Para responder corretamente a essa pergunta precisaríamos definir o que a pessoa acredita ser "alma gêmea". Muitas vezes a imagem associada a essa idéia é de alguém que nos complete totalmente, emocional, sexual, social e profissionalmente. Acaba sendo muito semelhante à idéia de "príncipe ou princesa encantados". Isso é um sonho, sonhar é bom e necessário, mas, quando vivemos muito no mundo dos sonhos, o acordar pode ser doloroso, ou então as realizações da vida prática ficam suspensas, nulas e acabam inexistindo.

Esotericamente (universo da Astrologia), o conceito de "alma" é um pouco mais complexo, envolvendo mais de um veículo (ou corpo) sutil: o corpo astral (ou das emoções), o corpo mental (Manas Inferior) e o corpo causal (Manas Superior). O conceito de "alma gêmea" então alude à divisão de um ser único, ocorrida durante o processo de manifestação, dos planos superiores para os inferiores. É como se quando divinos éramos um, aí, quando viemos para este mundo físico, com os diversos corpos, tivéssemos sido divididos em duas partes que se completariam. Essa é uma explicação didática simplista para facilitar o leitor no raciocínio. Essa divisão é uma realidade espiritual e está retratada no Gênesis nas figuras de Adão e Eva, ou no *Talmud* (livro sagrado judaico, berço do Cristianismo) nas figuras de Adão e Lilith. Em nosso próprio corpo temos sempre hormônios masculinos e femininos com a predominância de um deles. A vida segue sempre com essa dualidade positivo/negativo "namorando".

Mas, e se esta alma gêmea tiver nascido com o mesmo sexo que o nosso? Mudaremos a opção sexual? Deixaremos de buscá-la?

Astrologicamente, só o analisar das emoções de uma pessoa exige um estudo sobre a posição da Lua em sua Carta Astral (em termos de signo, Casa Astrológica, aspectos em que está envolvida, Casa Quatro e seu dispositor) e já é fator de grande esforço. Estudarmos então, astrologicamente, suas emoções (astral), seu raciocínio (corpo mental – para seu estudo segue-se o mesmo processo para o estudo das emoções, apenas a Casa a ser analisada é a Três) e ainda sua mente abstrata (raríssimas pessoas têm consciência e fazem uso consciente de seu próprio corpo causal – como poderiam elas detectar e analisar profundamente esse corpo de outra pessoa desconhecida?). O trabalho se mostra hercúleo e aparentemente a Astrologia atual, o que foi concebido dela até o presente momento, não nos oferece elementos seguros para respondermos que sim ou que não a essa pergunta.

Na verdade, como a questão é de ordem espiritual, talvez seja conveniente deixarmos para nossa consciência espiritual responder isso quando conseguirmos atingi-la.

―∭―

É verdade que o signo anterior ao nosso sempre nos incomoda?

A seqüência dos signos do zodíaco reflete certa evolução ou desenvolvimento. Assim, o signo anterior contém elementos que nós já experimentamos e ultrapassamos; estamos olhando para outros horizontes, e ele (o signo anterior) vem nos puxando, pedindo ajuda para resolver suas questões. Áries rege todo o começo, sem experiência ou maturidade, por isso é puro e inocente; Touro rege o apego ao que se tem pelo receio de ficar sem no futuro; Gêmeos está seguro e deseja ampliar seus horizontes, conhecer novas possibilidades e a si mesmo; Câncer encontrou suas emoções, quer ter e dar colo, por isso busca envolvimento afetivo; Leão é a descoberta da felicidade da autoidentidade, o prazer de existir tal como se é, independentemente de influências; Virgem busca o aprimoramento, descobrir seus defeitos e melhorar cada vez mais colaborando com os demais; Libra está pronto para a vida social, para troca justa e equilibrada, quer experimentar isso; Escorpião aprende com o outro por causa da grande proximidade que se permite e por isso quer entender as razões alheias e melhor se adequar no relacionamento, mudando o que precisa em si; Sagitário encontrou a razão da vida e quer partilhar isso com quem puder; Capricórnio se sente responsável por todos que ainda não chegaram a ter uma visão ampla e completa da vida, por isso assume a responsabilidade temporária de pai de todos; Aquário encontra outros que também vêem a vida como um todo e troca idéias sobre o futuro; Peixes compreende que, apesar de se chegar ao ápice ou topo da montanha, sempre haverá outra montanha e reflete sobre isso.

Em termos de épocas da vida, as regências são assim: Áries é o nascimento; Touro a amamentação; Gêmeos é o início da fala; Câncer é a localização na família; Leão é a adolescência; Virgem é o trabalho humilde; Libra é o despertar para a vida social; Escorpião é o declínio da vida (neste ponto ou a pessoa processa uma alquimia em sua vida ou morre); Sagitário renasce das cinzas descobrindo os valores espirituais; Capricórnio se funde com sua fagulha divina (Jesus atingiu essa etapa) tornando-se uno com o Pai; Aquário participa das decisões sobre o futuro da humanidade; Peixes se prepara para dissolver sua individualidade e passar a ser Tudo.

É nosso dever ajudar quem está atrás, pois não devemos esquecer que dependemos de quem está na frente. A evolução se dá de forma coletiva; por isso, simbolicamente com as mãos dadas formamos uma corrente em que todos somos elos fundamentais.

Mas alguém pode raciocinar e concluir que se Peixes é o último signo, então ele seria o mais evoluído, certo? Parcialmente correto! Porém, dentro de um determinado ciclo e sabe Deus qual é. Existem ciclos e ciclos de aprendizado na vida. Tal como o ensino que dentro de suas divisões de fundamental, médio e superior subdivide-se em séries em que muitas vezes a última de um ciclo remete o estudante para o primeiro de outro.

Essa questão dos ciclos de aprendizado da vida resulta de que nossa alma precisa experimentar muitas situações para aprender por si mesma o lado bom e o ruim de tudo, e, usando o seu livre-arbítrio, optar pela evolução de forma consciente, ou seja, o indivíduo sendo responsável por suas decisões e pelo que é e será sempre. Aqueles que acreditam em reencarnação (chamada de "transmigração das almas" ou ainda de "metempsicose") compreenderão facilmente esse raciocínio. Para os que não crêem, devem imaginar que somos uma corrente sanguínea de evolução; que trazemos geneticamente as experiências dos antepassados e também transmitiremos nos genes dos descendentes nossas experiências pessoais. Assim o ser humano está em contínua evolução.

―∽∽―

A Astrologia pode ajudar a resolver meus problemas?

Como ferramenta de autoconhecimento talvez seja a melhor ajuda disponível para a humanidade neste momento. Tudo dependerá da capacidade do astrólogo que lhe atender e também dos dados (informações de que o astrólogo precisa para levantar um tema astral) corretos que informar a ele.

Mas é importante que fique bem claro: nada nem ninguém poderá resolver seus problemas, somente você! Nem a Astrologia, nem o Mapa Astral, nem o astrólogo, nem um anjo, nem um mestre, nem um gnomo, nem uma oração, nem nada. A sua vida estará sempre em suas mãos. O que ela é hoje você herdou de seu passado, dos pais e da sociedade em que está inserido, mas seu futuro depende só de você.

A análise astrológica pode lhe ajudar de várias formas. Primeiro identificando com precisão os problemas e se são realmente problemas. Muitas vezes as pessoas querem ser iguais à que está ao lado e sua diferença é vista como problema ou defeito. Quanto a isso, resta tomar consciência de suas características pessoais e o lado bom delas, procurar desenvolvê-las e aproveitá-las.

Uma vez identificados os problemas, estudam-se suas raízes, razões e ensinamentos que devem ser aprendidos. Procura-se conscientemente acelerar esse aprendizado e as alternativas para resolver ou contornar tal situação desafiante.

Podemos pesquisar os momentos mais indicados para que se busque a solução dos problemas, pois isso estará mais propício. Se o problema é de relacionamento, faz-se uma Sinastria. Se é indefinição profissional, consulta-se a Carta Astral sobre esse ponto de vista, etc.

A Astrologia é a melhor forma de diagnóstico de tudo que envolve nossas vidas. Como a solução de um problema se inicia com o correto e perfeito diagnóstico de sua causa, ela sem dúvida nos dá elementos importantíssimos para mudarmos de vida e sermos felizes. De seguirmos os caminhos indicados no mapa do céu e encontrarmos a razão de nossa vida e a paz. Mas, volto a lembrar, o grande e poderoso agente de mudança de vida é você mesmo, nada nem ninguém mais.

Um astrólogo pode me ajudar e explicar em que estou errando?

Com as devidas ferramentas em mãos (sua Carta Astral, por exemplo), um bom astrólogo poderá sim se utilizar dos recursos da análise astrológica para, junto com você, pesquisar o que você chama de erro, identificar suas características, razões, origens e formas de manifestação. Fazendo analogias e buscando as alternativas positivas ou elevadas que a simbologia astrológica assinala ele poderá indicar-lhe possíveis caminhos para evitar os erros.

Geralmente esse tipo de pergunta ocorre depois de repetidos insucessos na busca de construção de algo. Acontece mais comumente com relacionamentos, com atividades profissionais, nas amizades e na vida financeira. A frustração é um sentimento terrível que joga nossa auto-estima para baixo, debilita a vontade e, muitas vezes, acaba vindo acompanhada de apatia. Talvez essas conseqüências acabem sendo pior que o próprio erro cometido repetidamente. Isso pode inclusive levar a pessoa ao vício.

Quando se chega a esta conclusão: "eu cometi um erro", é importante que se perceba que isso é resultado da coragem de se olhar no espelho e identificar um ponto que pode ser melhorado. Pior são as pessoas que erram e julgam que o problema é sempre o outro, que elas estão certas e que não precisam mudar em nada. Essas não crescem, não evoluem, estão estagnadas, praticamente mortas.

Identificar um erro é quase o mesmo que estabelecer um acerto, pois você só sabe que é um erro comparando o resultado com um processo que deu certo. Certo? Já temos o início e o fim da questão, só nos resta realizar o caminho intermediário, não é mesmo?

Todo erro identificado então é muito positivo, denota coragem e possibilidade de melhoria. É um desafio, então "mãos à obra!". O ditado popular nos diz que "Deus dá o frio conforme o cobertor". Ele só nos dá lições a aprender que estejam ao nosso alcance, saiba disso. Avalie se vale a pena e, se julgar que sim, faça dessa oportunidade de melhoria e crescimento uma questão pessoal e diária. Caso julgue que não vale a pena se ocupar disso, então deixe para lá e não pense mais. Não fique reclamando, isso só piora as coisas, não resolve nada.

A Astrologia pode me ajudar no problema que tenho com meu filho (cônjuge, pais, superiores)?

É comum as pessoas não saberem que existem recursos para ajudá-las a resolver problemas de relacionamentos, ou se sabem, acharem que é algo complicado, demorado, caro, distante e difícil. Pensando assim tentam dia após dia, mês após mês, ano após ano, resolver sozinhas os problemas de relacionamento. Quando não obtêm sucesso, o resultado desse processo é um agravamento tal que pode parecer sem solução ou retorno, ou ainda levar a um quadro dramático extremo em que todos saem prejudicados.

Tratando-se de uma ciência voltada para o ser humano, a Astrologia tem as emoções e relacionamentos como escopo principal de seu leque de estudos e possibilidades.

Via de regra a principal fonte de problemas entre familiares é a visão que cada um tem do outro, muitas vezes resultado de experiências anteriores ou influências externas que acabam sendo projetadas sobre a outra pessoa. Nesses casos os problemas não teriam razão de ser se fossem analisados dentro de uma visão crítica, objetiva e imparcial. Mas, somos essencialmente emoção, portanto subjetivos, instáveis e carentes.

Antes de estudar o problema da relação em si, precisa-se analisar o problema na pessoa. Identificar sua parte na questão e procurar formas alternativas para resolver ou contorná-la. Não existe um lado só de um problema de relacionamento, sempre as duas partes envolvidas precisam dar um passo à frente para se chegar ao ponto comum.

Quanto pior o problema de relacionamento mais cada pessoa acaba ficando em um canto do "ringue", dentro de uma luta para ver quem vence provando para o outro que ele estava errado. Erros nos conduzem à idéia de verdade. Não existe verdade absoluta, então não há erro absoluto. O que existe é o que é mais conveniente, justo ou correto a ser feito naquele momento, local e tudo isso dependendo dos valores, inclinações, desejos e necessidades das pessoas envolvidas.

Muitas vezes, os problemas de relacionamento se resolvem com respeito, objetividade e identificação correta do que se quer, do que se pensa, do que se deve fazer e falar.

Espiritualidade

A Astrologia é uma religião?

Apesar de soar estranha, esta pergunta surge algumas vezes, principalmente quando se fala que os principais estudantes e "profissionais" dessa ciência, antigamente, eram os sacerdotes.

A resposta é não. A Astrologia não é uma religião.

Apesar de se originar no seio religioso, de ser o estudo das manifestações perfeitas de Deus como arquétipos (nomenclatura da Psicologia) ou como hierarquias angélicas (nomenclatura religiosa), ou ainda como deuses da mitologia grega e romana (nomenclatura da Filosofia), a Astrologia não tem um dogma ritualístico e religioso para ser considerada uma religião.

Ela é o estudo do "organograma" do céu, do "direito" divino, ou ainda da "química" dos princípios espirituais. O estudo da Astrologia é a investigação da Vontade de Deus manifesta pelos Seus agentes mensageiros comumente chamados de anjos. Por isso, costuma-se dizer que estudar a Astrologia é o mesmo que pesquisar a "língua dos anjos". Ou seja, entender a Astrologia é compreender o que os anjos nos dizem.

Exatamente por isso seu estudo no início era reservado apenas aos sacerdotes e por conter o conhecimento de "fórmulas" para se manipular essa química, ou os protocolos necessários para se obter tal ou qual resultado com as leis da natureza. A Astrologia era uma ciência reservada apenas aos iniciados, sob voto de jamais revelá-la aos governantes, muito menos à plebe, pois estes possivelmente a usariam para seu proveito próprio, desvirtuando a razão de haver sido "passada" ou ensinada ao ser humano.

Sabemos pela Astrologia que uma mesma lei espiritual sempre tem seu reflexo em todos os planos, inclusive no físico. Por exemplo: o que o místico chama de Lei do Carma, para o físico é a terceira lei de Newton (lei da ação e reação).

De forma que a compreensão da Astrologia nos leva a reverenciar Deus, mas sem lidar com dogmas ou mistérios religiosos de qualquer forma. Encontramos no dicionário a seguinte definição de religião:

1. Serviço ou culto a Deus, ou a uma divindade qualquer, expresso por meio de ritos, preces e observância do que se considera mandamento divino. 2. Sentimento consciente de dependência ou submissão que liga a criatura humana ao Criador. 3. Crença ou doutrina religiosa; sistema dogmático e moral. 4. Veneração às coisas sagradas; crença, devoção, fé, piedade. 5. Tudo que é considerado obrigação moral ou dever sagrado e indeclinável. 6. Ordem ou congregação religiosa.

1. Não podemos dizer que em Astrologia existam mandamentos divinos, 2. Não podemos dizer que em Astrologia haja uma dependência, mas sim uma relação harmônica entre a Criação e o Criador, 3. em Astrologia não existe uma crença ou doutrina religiosa, muito menos dogmas e conceitos morais (o estudo astrológico revela-se amoral, tal como ciência que é), 4.

não se trata de uma prática de devoção ou de veneração a algo específico, 5. o estudo da Astrologia nos revela que, de certa forma, podemos fazer qualquer coisa, apenas devemos ter consciência de que tudo tem seu preço e conseqüência, 6. decididamente a Astrologia não é, nunca foi nem nunca será uma ordem ou congregação religiosa. Podem existir religiosos que usaram, usam ou que um dia usarão a Astrologia, pois este conhecimento é de seu domínio, mas isto não a tornará uma religião.

Precisa ter fé na Astrologia para que ela funcione?

Entre as pessoas que menos conhecem a Astrologia, mas que a abordam com respeito, é comum esse tipo de pergunta. Talvez elas tenham em seu inconsciente a compreensão das origens dessa ciência, ou mesmo profundas reminiscências de tempos ancestrais lhe tragam um pouco da natureza desse conhecimento outrora reservado aos sacerdotes.

A Astrologia em si é apenas um conjunto de conhecimentos que retratam o funcionamento das Leis Cósmicas, nada mais que isso. Ou seja, mesmo sem ela as leis continuariam existindo e se fazendo valer. Assim, não é necessário que se acredite na Astrologia para que as leis por ela retratadas se façam presentes na vida das pessoas. Por isso, podemos fazer o estudo astrológico de pessoas que "acreditam" nesta ciência, bem como daquelas totalmente céticas e inclusive de animais, empresas, cidades, negócios, etc. Existe um estudo que comprova inclusive que certas reações químicas acompanham determinados aspectos astrológicos.

É certo que quanto mais ampla nossa consciência mais obteremos desse conhecimento colocado à disposição da humanidade. Se a pessoa se embota, fecha seu campo de visão e só aceita o que pode ver e tocar, limitando suas opções, ficará a elas limitada. Ou seja, estará desconsiderando inclusive outras ciências, tais como a Psicologia, a Filosofia, a Sociologia, a Teologia. Cada um faz o seu próprio caminho, escolhe suas próprias opções e recursos que utilizará.

Já interpretei Mapa Astral de pessoas resistentes, fechadas e obtusas. Lamentavelmente não pude ajudá-las, pois seu ceticismo as impediu de aproveitar o que estava disponível. Também já interpretei mapa de um cientista, daqueles que ficam fechados em um laboratório por anos a fio. Essa experiência foi interessante, pois como um verdadeiro cientista ele não rejeitou nem aceitou, simplesmente se postou para constatar os fatos. Coisa fácil para ele, pois estávamos falando do próprio. Durante a interpretação, ele não se agüentou, quebrou sua posição de neutralidade para dizer que eu estava lhe dizendo coisas que nem sua esposa ou família sabiam, coisas fortes, concretas que ele vinha alimentando em seu interior há anos. Cabe aqui uma explicação: Astrologia também não é adivinhação. O exercício dela nos exige sim um bocado de intuição, mas qualquer um que estude um pouco esta ciência poderá compreender "de onde" o astrólogo tirou tal ou qual afirmação, qual o raciocínio que o levou a concluir o que afirmou.

É verdade que a pessoa de Peixes está em sua última encarnação?

Esta é uma questão que normalmente deixa as pessoas deste signo um bocado preocupadas, com pensamentos do tipo: "Tenho de garantir meu ingresso no Céu de qualquer jeito, pois não dá mais para brincar"; ou ainda: "estou no final de meus dias aqui na Terra, tenho de aproveitar ao máximo que logo vai acabar!".

Essa conclusão de que a pessoa de Peixes estaria em sua última encarnação resulta do raciocínio de que é o último signo do zodíaco.

Sendo o último signo do Zodíaco, Peixes representa sim o final de um ciclo, mas somente de um ciclo. Ou seja, não quer dizer que está tudo acabado. Existem ciclos após ciclos e ninguém está capacitado para avaliar em qual ciclo cada um de nós se encontra, qual foi o anterior e qual será o posterior. Então, nascer com o Sol no signo de Peixes (a posição do Sol indica o signo) pode significar que alguém está passos à frente de algumas pessoas, mas também, e possivelmente, alguns passos atrás de outras. É como a posição de um vestibulando: ele está à frente do ensino básico e médio, mas atrás do ensino superior. Só isso.

Para a pessoa nascida sob este signo, pode haver um "gostinho" de final, ou seja, uma sensação de que já curtiu um bocado e já não acha mais graça nas coisas que outras curtem tanto; pode ainda sentir como que "um frio na barriga", um vazio, sentindo que existe um grande mistério à sua frente que ele nem tem noção do que ou como seja e assim sofre com certa ansiedade ou mesmo receio.

Por ser um signo do elemento água, atuando de modo Mutável, Peixes é totalmente dado, sensível aos problemas da sociedade, mesmo que não manifestos. Ele é tão aberto que, muitas vezes, confunde-se com os outros, pode perder a noção de sua integridade ou personalidade-se. Essa sensibilidade o sintoniza com a arte em todas as manifestações, bem como com a filantropia e altruísmo, pois ele percebe que na vida existe muito mais coisa do que o dinheiro ou bens materiais.

Posso saber mais sobre minha condição espiritual pela Astrologia?

Na análise da Carta Astral, por exemplo, o primeiro e principal instrumento de autoconhecimento astrológico, existem diversos elementos ou pontos sobre os quais podemos obter maiores informações sobre a condição espiritual com a qual viemos para esta vida. Como já visto, todos os símbolos ou elementos da ciência astrológica refletem princípios espirituais superiores ou arquétipos, então, toda a Carta Astral é um mapeamento de seu céu de divindades próprio, mas podemos citar os indicadores mais próximos das manifestações ou com a simbologia da espiritualidade ou religiosidade da pessoa.

Podemos citar alguns exemplos genéricos (cada pessoa pode ter este ou aquele indicador):

O Sol, por ser o princípio da vida, da consciência e símbolo de nosso conceito de Deus.

A Lua, por ser nosso conceito de integração com a Criação ou Mãe Natureza, também pode nos dizer algo sobre vidas passadas.

Júpiter é o planeta do sacerdócio, do ritual e da visão elevada.

Netuno é por excelência o planeta da fé, da entrega sem receios ao princípio que está acima de tudo e de todos.

Saturno revela se "ouvimos" as ordens celestes, e Plutão indica como estamos em relação à vontade de Deus.

A Casa Oito nos fala da profundidade abissal de nossas almas, como encaramos a morte e nossa relação com a magia.

A Casa Nove indica o tipo de religião que nos conforta, qual nosso conceito de evolução e de paraíso, nossa possibilidade de iniciação e o tipo de mestre que podemos ter.

A Casa Doze reflete nosso inconsciente, nossa "ponte" com o mundo imanifesto e nossa capacidade de desprendimento.

Existem ainda a Cabeça e a Cauda de Dragão que nos falam da carga psíquica de vidas passadas que nos puxam para trás e das benesses conquistadas se nos livrarmos dela.

Os planetas retrógrados indicam pendências cármicas de vidas passadas em relação às suas características, bem como os signos interceptados.

Os trânsitos planetários dos planetas trans-saturninos (Urano, Netuno e Plutão) também podem indicar as oportunidade que tivemos, temos ou teremos para aproveitar e mudar nossa condição espiritual.

Minha missão de vida aparece no Mapa Astral?

Perguntas desse tipo são trazidas normalmente por pessoas que já estudam esoterismo há um certo tempo e que reconhecem na Astrologia uma possível fonte de conhecimentos transcendentais.

A resposta depende muito do conceito que a pessoa que faz a pergunta tem do que seja "missão".

Se entendermos missão por:

"Aproveitar todas as oportunidades que tivermos para aprender as lições que Deus nos envia através da vida e assim não só evoluir como pessoa bem como ajudar outras nesse mister e ainda não deixar de fazer o que nos cabe em relação à evolução de toda a sociedade".

Bem, se for esse o entendimento ou definição de "missão" a resposta será sim, com certeza.

Apesar disso, costumo destacar que nós temos na verdade quatro missões. A primeira diz respeito a nós mesmos. Se a gente não cuidar de si mesmo, não nos prepararmos orgânica, emocional, mental e espiritualmente, como poderemos evoluir? Como conseguiremos ajudar outras pessoas em situação igual ou pior à nossa? Muitos esoteristas incorrem no erro de fugir de seus problemas tentando ajudar os outros. O resultado só pode ser grande confusão para todos os envolvidos. Antes de achar alguém, seja no amor, seja na vida espiritual, precisamos nos encontrar, saber quem nós somos, o que realmente queremos (independentemente da influência de terceiros), quais são nossas potencialidades ou dons naturais.

A segunda missão está relacionada com nossa família. O que devemos aprender dela? O que precisamos romper para que isso não nos impeça de seguir adiante? Como dar o que nossos dependentes necessitam para crescer sem impedir sua liberdade e desenvolvimento?

A terceira missão nos fala da relação com a sociedade em que se vive. O que se espera dela? O que se dá a ela? Como está estabelecida essa relação, se existe? Muitas pessoas nem chegam ao nível de consciência social e isso não depende somente delas, muitas vezes é uma questão de sorte, de oportunidade ou de herança.

A quarta missão que geralmente se pode considerar é a relativa ao nosso papel quanto ao futuro da humanidade que imediatamente nos cerca. O que nos cabe fazer para mudar de modo positivo o destino das demais pessoas de nossa cidade, estado ou país? Chegamos a ter essa consciência e, se sim, esse poder? Se a resposta for afirmativa ainda mais uma vez, teremos coragem para fazer isso em detrimento dos interesses pessoais, familiares e daqueles que nos cercam mais proximamente?

É possível descobrir o que fomos em outras vidas pela Carta Astral?

Há muita fantasia sobre vidas passadas. Muito se fala e pouco realmente existe que seja confiável, seguro e útil. No meio esotérico até chega-se a brincar dizendo que todo mundo quer ter sido um faraó, um rei, mas que ninguém desejaria ser um simples lacaio, escravo, criminoso, prostituta, operário, etc.

Uma coisa é certa: precisamos viver experiências em todas as camadas sociais, em todas as situações possíveis, e aprender com tudo isso para compreendermos o conjunto e a beleza da vida criada.

Com a interpretação de uma Carta Astral podemos destacar o tipo de experiência que possivelmente a pessoa teve no passado, boa ou má em determinados aspectos. Mas jamais dizer que foi em tal ou qual lugar, em tal ou qual data, que era tal ou qual pessoa. Não há como particularizar e apontar detalhes que possam ser ostentados ou mesmo servir de referência histórica.

Conheci uma vez uma astróloga que fazia um tipo de análise de vidas passadas, informando lugar, tipo de atividade profissional e não sei mais o que, para seus clientes. Apesar de ser uma pessoa respeitada e séria, por falta de disponibilidade de ambos eu não tive a oportunidade de conhecer seu trabalho de perto. Mas posso afirmar que, apesar de se apresentar como astróloga que realmente ela era (parece que detinha um bom conhecimento desta ciência), seu método era um misto de Astrologia com vidência. Ou seja, ela usava o Mapa Astral da pessoa como um oráculo estimulador de sua vidência e o que dizia sobre o passado não poderia ser explicado à luz da Astrologia, mas somente pelo dom de sua sensibilidade intuitiva na forma de vidência.

Os planetas retrógrados, signos interceptados, Cabeça e Cauda de Dragão, quadraturas e trígonos podem nos falar um pouco sobre o que fomos ou fizemos em vidas passadas. O que fica mais gravado, como uma lição que não deve ser esquecida, são as coisas erradas que realizamos e que precisamos consertar de alguma forma.

Pode acontecer que indicadores astrológicos assinalem atividades que, se conjuntamente analisados, podem conduzir a um afunilamento de conclusões que nos levam a poucas opções de profissões ou ações que poderiam ter resultado naqueles elementos astrológicos. Mas isso nem sempre é possível, sendo muitas vezes uma raridade. Bom, porque se existem diversos pontos indicando fatos de vida passada significa muitos problemas antigos que são trazidos para a vida atual.

Existem pais-de-santo que se apresentam como astrólogos. Há relação da Astrologia com a religião afro?

Lamentavelmente isso acontece muito e em nada colabora com a correta imagem da Astrologia ante o grande público. Particularmente estudo e respeito muito as religiões afro. Tive grandes amigos pais e mães-de-santo, portanto sei da grandeza dessas religiões, de alguns de seus mistérios e de sua profundidade.

A Astrologia, por ser um estudo sempre reservado, traz uma aura de "nobre" e especial dentre as ciências esotéricas. Além disso, ela goza de um grande apelo popular; todo mundo, mesmo o mais cético, sabe seu signo e já ouviu falar e muito de Astrologia. Mas nem todos conhecem ou já ouviram falar das religiões afro e, se sim, nem sempre tiveram boas referências. Assim, acredito que muitos procuram na Astrologia o gancho o apoio de uma ciência popular, conhecida e respeitável. Até porque não é qualquer um que se apresenta como astrólogo, tem de estudar um pouco e dominar o assunto no mínimo para não passar vergonha, por isso é uma ciência ainda reservada a poucos.

Como já vimos, a Astrologia surgiu no meio religioso. Ela retrata holisticamente as leis e estruturas cósmicas. Esse conhecimento sempre esteve no "currículo" dos religiosos. Historicamente, sacerdotes de todas as religiões têm, de alguma forma, de estudar a hierarquia celeste, como funcionam as Leis que emanam de Deus para, com tudo isso, procurar compreender a vida, interpretar o que acontece e explicar em palavras simples aos leigos. Com certeza, o estudo da Astrologia, de alguma forma, com o nome que tiver (não necessariamente este), é razão de atenção e dedicação por qualquer que seja o sacerdote (se realmente foi "ordenado" sacerdote seguindo antigas tradições). Mas a Astrologia, estando no âmago de todas as religiões tradicionais, não é uma religião e não pertence a nenhuma delas em especial, e a aplicação da Astrologia jamais deve ser confundida com o desempenho de qualquer religião, seja ela qual for: afro, judaica, católica ou outra.

Astrologia é pecado?

Na década de 1990, circulou a informação que na Encíclica *"Fides et Ratio"*, o papa João Paulo II classificou a Astrologia como mais um dos pecados de uma extensa lista. Parece coisa da "Santa Inquisição" que, com sua mentalidade medieval, promoveu carnificinas, estupros, saques, assassinatos e torturas em nome de Deus.

Alguns se apegam em passagem da Bíblia para justificar isso, mas se esquecem de que esse livro sagrado contém mais de 3 mil alterações desde sua primeira tradução do copto-aramaico (Antigo Testamento) e grego (Novo Testamento) para o latim, já contendo a vulgata (nome da primeira Bíblia escrita em latim) algumas modificações. Essas eram introduzidas pela Igreja com o objetivo de evitar questionamentos de seus dogmas e manter o domínio das informações religiosas. Ela imprimia a nova versão da Bíblia e proibia que as pessoas mantivessem em seu poder as antigas. A punição poderia chegar até a excomunhão, ou pior, dependendo da época em que isso aconteceu.

Muitos dos principais astrólogos antigos eram bispos da Igreja Católica na época em que o papa era o único símbolo de Deus entre os homens. Se naquele tempo não era pecado, por que agora é? Será que os padres estão com receio de perder seus fiéis para os astrólogos? Já não dá mais para segurar os evangélicos...

Mas temos de concordar com o erro da astromancia, ou seja, o uso da Astrologia como sistema de previsão do futuro. Aprendemos há muito tempo que o presente pertence aos homens, mas o futuro somente a Deus. Não há como se prever o futuro, os elementos a serem considerados, mesmo utilizando-se os recursos astrológicos, são tantos e tão complexos que é impossível esse tipo de coisa. Por isso, aqueles que se aventuram a prever o futuro estão incorrendo no risco das probabilidades, da sorte, desviando-se dos reais, verdadeiros e tradicionais ensinamentos astrológicos. O que um astrólogo faz com as técnicas astrológicas é analisar as tendências do que pode ser em razão do que se é no momento, ressalvando que sempre fatores estranhos ou pessoais poderão alterar o resultado futuro. Isso já foi constatado em várias situações, por muitas pessoas.

Também condenamos o fanatismo astrológico em que muitas pessoas incorrem ao ter de ver seu horóscopo antes de realizar qualquer coisa, até mesmo sair de casa. A Astrologia existe, foi concebida pelo homem para ajudá-lo, para libertá-lo e não para aprisioná-lo. A dependência, o fanatismo ou o culto à Astrologia não faz parte de suas tradições, prejudica o desenvolvimento pessoal e embota a consciência da pessoa. Jamais um astrólogo consciente deve estimular ou colaborar com esse tipo de coisa; pelo contrário, como autoridade no assunto, deve desmistificar, até desiludir a pessoa, se for o caso.

Qual a relação da Astrologia com o esoterismo?

O esoterismo é o conhecimento dado somente ao iniciado, ou seja, a informação que só tem aquele que começou algum processo, nesse caso, de caráter espiritual. Todas as antigas tradições religiosas têm suas raízes iniciáticas, que levam a pessoa a vivenciar estados de consciência espiritual, o que proporciona uma visão mais ampla, completa e harmônica da vida. Por isso, eram pessoas respeitadas, e suas orientações eram seguidas por reis e imperadores da Antiguidade.

Mas essas informações não são coisas proibidas, feias, terríveis ou algo semelhante, mas sim conhecimentos que não há como se transmitir pelos sistemas conhecidos. São conhecimentos que se obtém apenas com a vivenciação dos fatos, jamais por teoria. Um bom exemplo é andar de bicicleta. Por mais amor que um pai tenha a um filho, por mais que ele queira transmitir seu conhecimento e técnica de andar de bicicleta para que o menino não caia, não tem jeito. A criança terá que ela mesma subir na bicicleta e aprender por si só. Vai cair, vai se machucar e vai aprender. O mesmo acontece com o aprendizado da natação, com a habilidade de dar o "ponto" em doces, etc. Por isso se diz que são conhecimentos que não se pode ensinar àquele que não passou pela experiência.

Quando se usa o termo "esoterismo" sempre se refere ao conjunto de conhecimentos espirituais (não-religiosos) que a humanidade foi concebendo ao longo dos tempos. Foram diversas ciências, sendo as principais: Astrologia, Geometria, Numerologia, Cabala e Alquimia. Dificilmente se poderá assinalar destas qual a mais importante que as demais. Mas podemos dizer com toda a segurança que a Astrologia é a que tem uma abrangência maior, é mais simples de explicar, é a que mais facilmente pode ser usada na vida prática e que também nos traz informações de natureza transcendental, evolucional para o indivíduo ou coletividade.

Então, como ciência esotérica, a Astrologia tem de ser sentida, vivida e não só estudada teoricamente. O verdadeiro astrólogo não decora definições. Ele estuda a Astrologia em sua alma, no coração das pessoas, observando o movimento da massa social e compreendendo as razões da vida, sua e alheia. Seu principal livro de estudos é sua alma, seu guia é sua mente e sua certeza é a realidade.

Técnicas/Análise de Tendências

Que tipos de especialidades existem no estudo da Astrologia?

A partir do estudo básico da Astrologia, alguns astrólogos acabam por se "especializar" ou concentrar sua abordagem e trabalho sobre determinados ângulos específicos que podem ser considerados "especialidades". Mas essa é sempre uma questão de opção pessoal e de estudo praticamente solitário (autodidatismo), pois não existem cursos desse tipo. Algumas vezes pode ocorrer de um astrólogo profissional recorrer a outro com mais experiência em determinado assunto para fazer com ele uma "supervisão" nos estudos de uma nova área enfocada.

Existem diversas linhas e recursos técnicos astrológicos, não vamos aqui esgotar todos, mas somente nos focalizar nos mais comuns e conhecidos.

A Astrologia médica, por exemplo, nos confere conhecimentos e possibilita pesquisas no que se refere às predisposições inatas da pessoa, os possíveis distúrbios e fragilidades orgânicas. Ela nos indica que tipo de mineral, vitamina ou oligoelemento está faltando em nosso organismo e que, se ingerido da forma correta, pode minimizar ou postergar problemas de saúde. Detecta ainda não só o órgão que é afetado por tal ou qual disfunção como também o local (interno/médio/externo, acima/no meio/abaixo) e o possível tipo de lesão ou disfunção (dependendo dos planetas, casas, signos e aspectos envolvidos). Pode-se fazer uma ponte não só com a medicina convencional como também com a homeopatia (os médicos antroposóficos conhecem e usam um pouco da Astrologia em seus procedimentos).

Temos a Astrologia reencarnacionista que concentra seus estudos sobre nossas vidas passadas, suas conseqüências e tudo o que trazemos delas para esta vida. Também pode ser conhecida por Astrologia cármica. O aspecto reencarnacionista é de natureza mística e dificilmente é aceito por uma ciência acadêmica atual.

Existe a Astrologia empresarial, voltada para as questões de ordem econômica e financeira. Muitos investidores da Bolsa de Valores de São Paulo, por exemplo, recorrem à análise dos trânsitos planetários sobre as cartas astrais de empresas para assim comprar ou vender títulos e ações. A Astrologia pode auxiliar muito na contratação de funcionários, principalmente do nível de gerência e cargos superiores. Pode-se ainda, com os recursos da Astrologia, escolher a melhor hora e dia para a inauguração de um negócio (escolha da Carta Astral da empresa!) para que ele seja um sucesso ou que possa melhor aproveitar as facilidades que encontrar, contornando as dificuldades. Talvez no futuro a economia ou a administração de empresas acabem por aproveitar essa abordagem astrológica.

A Astrologia iniciática nos remete aos conhecimentos e práticas espirituais que tanto nos fazem evoluir como também nos harmonizam com todo o Cosmos. Seu estudo e prática tem muito de teurgia e geralmente nos remete à Cabala. Este ramo de estudo astrológico se aproxima muito das origens dessa ciência e poderá ser aproveitado pela Teologia.

A Astrologia humanista está voltada para as questões que afetam o homem em seu cotidiano: as questões afetivas, os relacionamentos e suas conseqüências. Ela tem uma característica mais de orientação e está mais próxima da Psicologia.

Temos ainda o mais comum, que é a abordagem das ditas previsões. Existem diversas técnicas que auxiliam o astrólogo no estudo das tendências para o futuro. Mas é importante que se esclareça: não existem previsões, o homem não tem como adivinhar o futuro. O que o astrólogo faz é analisar a situação atual e, baseado nos movimentos dos arquétipos ou princípios que são comuns aos indivíduos, à coletividade e "sincronizados" aos movimentos dos planetas, pode ter uma idéia do que poderá acontecer no futuro, caso nenhum outro fator venha a alterar os fatos até lá. Mas essa é uma questão delicada e muito arriscada, apesar de ser a mais procurada comercialmente (os horóscopos são um sucesso em todo jornal e revista).

O Mapa Astral pode me ajudar a escolher uma profissão?

A simbologia do Mapa Astral contempla todas as atividades, características e possibilidades da pessoa. Aproveitar tudo isso depende principalmente da pessoa e identificar esse complexo painel de informações depende da capacidade do astrólogo em sua análise do Mapa Astral.

Então, encontramos indicadores principais para o assunto trabalho. Na verdade essa análise costuma se dividir em três: como a pessoa ganha dinheiro (suas habilidades e valores), o ambiente ou cotidiano profissional que ela está qualificada para suportar por muito tempo e finalmente a profissão ou atividade que ela irá exercer para se sentir satisfeita com sua realização e que ao mesmo tempo também contente seus clientes ou sociedade em que se encontra inserida.

De nada adianta trabalhar em uma atividade que lhe dá prestígio e até dinheiro. Se não é o que você nasceu para fazer, a doença, a depressão ou o cansaço lhe alcançará e, possivelmente, irá lhe tirar da atividade. Principalmente porque em seu interior haverá um vazio a incomodar, a princípio pouco, mas depois isso irá aumentando até atingir um ponto insuportável.

O ideal é sempre identificar o que é natural fazer pelas nossas características natas. Forjar um potencial ou forçar uma situação é algo desgastado ao extremo e que não se mantém. Assim, se descobrimos que nascemos para ser um contador, jamais nos daremos bem como biólogos, advogados ou físicos. E vice-versa. Se, em vez disso, trabalhamos com a atividade para a qual nascemos, fazemos bem-feito porque gostamos e nos identificamos com aquilo, não iremos querer fazer só por fazer. Haverá um compromisso de identificação e assim o trabalho deixa de ser algo ruim, pesado e obrigatório e passa a ser razão de satisfação e orgulho. Em vez de gastar nos dá mais energias. As pessoas irão perceber, sentir, e tudo tenderá a fluir de forma natural, satisfatória e positiva para todos, sem ninguém se sentir lesado.

Normalmente, em uma análise de orientação vocacional jamais um astrólogo indica determinada profissão. Até porque aparecem na Carta Astral as habilidades da pessoa, bem como o que pode atrapalhar o sucesso delas. Quanto mais habilidades (geralmente temos algumas) conseguirmos exercer em uma mesma atividade, maior a possibilidade de sucesso e de felicidade com ela. Por exemplo: um engenheiro que tenha, além das habilidades exigidas de sua profissão, capacidade administrativa, poderá ser o dono da empresa de engenharia; o engenheiro que tem habilidade para os relacionamentos (um pouco de Psicologia) poderá ser o responsável pelo pessoal ou ainda o "relações empresariais" da empresa; o engenheiro que tenha afinidade com a área da Medicina poderá se especializar na edificação de hospitais ou clínicas.

Dá para saber como ganhar dinheiro pelo Mapa Astral?

Se seguirmos os indicadores profissionais, poderemos ter um painel muito claro do que pode dar certo financeiramente e também o que pode estar atrapalhando o nosso sucesso nesse sentido.

A grande dificuldade nesse assunto são as oportunidades da vida e da camada social a que a pessoa pertence. Ela, por exemplo, poderia ter sucesso como médico, mas, se nasceu e vive em uma favela, a coisa se torna um pouco difícil, quase impossível. Fica complicado até para essa pessoa se aproximar da Medicina, fazendo um curso de enfermagem, por exemplo. Sua solução será procurar fazer cursinhos de instrumentação cirúrgica ou de auxiliar de enfermagem, por exemplo. Mas isso também custa dinheiro e muitas vezes se mostra inviável a muitas pessoas. É possível que acabe se tornando uma funcionária inferior que presta serviços de limpeza, por exemplo, para um hospital ou médico.

Muitos críticos da Astrologia, não sei com qual autoridade e direito, exigem que ela se preste a, por exemplo, prever resultados de loterias e com isso beneficiá-los financeiramente. Postam-se como autoridades supremas que precisam ser satisfeitas em seus desejos para emitir sua opinião favorável ao que lhe satisfez as vontades. A essas pessoas lamentamos dizer que, com a Astrologia, não é possível prever o resultado de jogos, na verdade não se pode prever nada em especial.

A análise de determinados trânsitos planetários poderá nos indicar os períodos em que a sorte nos é mais propícia, tanto para ganhar dinheiro quanto para mudar de emprego ou de amor, por exemplo. Mas, apesar disso, não dá para saber o número para jogar na Mega-Sena, qual empresa (se x ou y) nos dará emprego ou mesmo se o romance com "fulana" ou "beltrana" será o melhor ou o mais duradouro.

Uma coisa é certa: quando nos alinhamos com o que a vida espera de nós e realizamos aquilo que nascemos para fazer, o aspecto financeiro toma uma posição secundária e tudo de que realmente precisamos não falta. É como que se a natureza conspirasse a nosso favor, em prol de nossos objetivos que são, no final, de interesse de uma comunidade que será beneficiada com nosso trabalho.

―⁂―

A análise da Carta Astral pode detectar desvios de conduta, problemas psicológicos, doenças mentais ou aberrações sexuais?

É raro o astrólogo ser procurado para a análise de problemas sérios nos aspectos psicológicos ou sexuais. Isso ocorre porque as pessoas corretamente recorrem ao profissional devidamente habilitado e qualificado para não só detectar o problema como também tratá-lo adequadamente com os mais modernos recursos da ciência.

Mas a utilização da análise da Carta Astral da pessoa com problema poderia auxiliar muito o profissional que o está tratando. Ela lhe desvendaria um universo muito maior, detalhes e correlações que normalmente não são conhecidos ou realizados pelas técnicas científicas. Sem dúvida, o trabalho em conjunto seria muito proveitoso para o paciente e sua família, faria com que se ganhasse tempo, recursos e, muitas vezes, que se evitasse um desfecho dramático ou ainda que se obtivesse a cura.

Um exemplo disso é a recente descoberta científica de que o autismo tende a ocorrer em conseqüência da falta de assimilação de um componente químico (mercúrio) pelo organismo da pessoa. A característica do autismo é a introversão e não comunicação com o exterior de si mesma. Ora, em Astrologia o planeta Mercúrio (que rege o componente químico de mesmo nome) é o responsável pela comunicação. Ele estabelece uma ponte entre o interior e o exterior, entre o que está embaixo e o que está em cima, facilita a troca em benefício da satisfação das partes envolvidas (comércio ou conversa). Então, é quase óbvio para um astrólogo que o autista tem problemas com tudo que esteja relacionado com Mercúrio, o signo de Gêmeos (regido pelo planeta Mercúrio) ou ainda pela Casa Três (analogada por Gêmeos), ou seu dispositor.

    Outro exemplo que posso citar é de uma vez a qual fui procurado por uma excelente médica homeopata que cuidava sua irmã do risco do aborto. A moça estava grávida, mas com dificuldades para "segurar" o feto, tendo alguns sangramentos e dores. Apesar de estar sendo medicada a situação era preocupante. O pior foi que ela iria fazer uma viagem internacional e não poderia contar com sua irmã médica, no exterior. A homeopata já fizera tudo o que podia, havia inclusive recorrido a destacados médicos homeopatas para auxiliá-la, mas a situação não se alterava. Procurou-me e detectei que o problema principal era que ela não queria ser mãe. Era ela quem estava rejeitando a gravidez porque se sentiu rejeitada quando criança. Perguntei à minha amiga quem queria manter a gravidez, se ela ou sua irmã. Ela conversou seriamente com a irmã que, após profunda reflexão, decidiu por manter a gravidez. Aí os problemas foram amenizando e viajou mais tranqüila.

Existem pessoas que não são bem-aceitas em determinadas cidades. A Astrologia explica isso?

Assim como se faz uma Sinastria entre duas pessoas, também podemos realizar entre a Carta Astral de uma pessoa e uma cidade.

Da mesma forma devem ser analisados os aspectos que os planetas fazem entre si e a posição dos astros de uma carta na outra e vice-versa. O resultado é surpreendente, pois podemos assim saber de antemão se tal ou qual cidade nos é propícia. Mas podemos detalhar ainda mais, pois uma determinada cidade poderá ser propícia para encontrar o amor de nossa vida, mas inviabilizar totalmente nosso sucesso profissional ou mesmo nossa integração social.

Esse tipo de análise seria indicado para todos que vão mudar de cidade, que pretendem abrir um novo empreendimento em mercado desconhecido ou até mesmo quem vai viajar a lazer.

O que explica isso é que cada município tem características próprias, o povo tem seus costumes, tradições, hábitos, conceitos e preconceitos. Isso tudo é o resultado do que aconteceu na história da cidade e seus cidadãos. Os grandes e principais eventos sempre marcam na população uma imagem que vai se consolidando e fortificando ao longo do tempo e da reincidência. Da mesma forma, os tipos de atividades profissionais predominantes na cidade acabam definindo a composição de sua população cuja mentalidade e valores predominarão no local.

Então, uma cidade não é só um local geográfico como podemos imaginar, isento de personalidade, igual a qualquer outro. Quem pensa assim está equivocado, talvez nunca viveu em outra cidade ou Estado ou observou com atenção as pessoas em suas viagens.

É comum ouvirmos reclamações de pessoas insatisfeitas com suas cidades. Pode ser que elas estejam certas e precisem tomar uma atitude para modificar suas vidas, mudando de lugar. Não adianta lutar contra toda a história e cultura de um povo, o ideal é encontrarmos um local que nos seja propício e aí nos colocarmos à disposição da comunidade, contribuindo positivamente com a sociedade que nos é semelhante e harmônica.

Existe Carta Astral de cidades?

Sim, isso se chama normalmente de Astrologia Mundial, pois, por meio dela, podemos estudar municípios, estados e países. Provavelmente nasceu da necessidade que reis e imperadores tinham, na Antiguidade, de saber mais a respeito dos inimigos e sobre suas possibilidades de vitória em batalhas e conquistas.

A Carta Astral de uma cidade retrata todo o seu povo, as divisões da sociedade e suas atividades produtivas. Em sua análise, podemos detectar o perfil de cada segmento da sociedade, o funcionamento do comércio, do lazer, das indústrias, dos políticos, etc. Podemos ver a característica dos homens, mulheres, suas escolas e ruas. O empresário pode saber o tipo de negócio que tem maior probabilidade de dar certo, os momentos de crise, o funcionamento da Câmara de Vereadores e da Prefeitura. Na sucessão municipal é possível analisarmos o perfil do político mais propício para a população e as camadas da população que apoiam ou são contrários a cada um dos candidatos.

Para se fazer a Carta Astral da cidade é preciso saber o momento exato do início da primeira reunião da Câmara de Vereadores. Esse é o momento astrológico de "nascimento" da cidade. Não se utiliza a fundação ou emancipação do município, pois à semelhança do nascimento de uma criança eles poderiam estar relacionados com a fecundação e com o parto em si. Mas, em Astrologia, importa o momento em que a criança inala pela primeira vez, quando começa realmente a sua vida independente da mãe, quando se inicia o seu próprio metabolismo. Da mesma forma, uma cidade nasce quando se iniciam os trabalhos da Câmara de Vereadores, fazendo suas próprias leis. Afinal, um município é uma entidade jurídica, política e administrativa.

Já tive casos de cidades que "nasceram", dentro do conceito astrológico, antes de ter seu prefeito. Outra que tinha seu prefeito muito antes, mas que apesar disso ainda dependia de outra.

Se os políticos de hoje soubessem os recursos que a Astrologia podem lhe oferecer nesse sentido, não gastariam tanto com pesquisas, mas sim complementariam esses dados com uma boa análise astrológica. Não é à toa que os ingleses tiveram de contratar um astrólogo na época da Segunda Guerra Mundial, para fazer frente ao astrólogo de Hitler.

Como a Astrologia pode me ajudar a ter sucesso em minha futura empresa?

Se a pessoa faz essa pergunta, ela já começou bem. Procurar a Astrologia depois de aberta a empresa é praticamente inviabilizar o melhor que o astrólogo pode oferecer àquele que deseja o sucesso de seu negócio.

Utilizando-se do recurso da Astrologia eletiva, o astrólogo pode escolher uma data e horário mais adequados para o sucesso do novo empreendimento. Mas, para isso, é preciso realizar um estudo detalhado das características do negócio (para se definir a natureza astrológica dele) e depois levantar inúmeros temas astrais em busca dos melhores (geralmente não existe um ideal, sempre haverá problemas). Esse processo exige grande antecipação, pois se o empresário define que quer abrir seu negócio no mês "X" está limitando as possibilidades astrológicas em apenas 30 dias. Muito possivelmente o astrólogo não encontrará a configuração astrológica propícia, tendo de indicar a "menos ruim". Dessa forma, seu trabalho estará muito comprometido, e o cliente ainda poderá depois se esquecer de que limitou a pesquisa e de que o astrólogo o havia alertado sobre isso. Nesse caso quem ficará mal será o astrólogo. Para se entender, o Sol fica em um signo por 30 dias. Ele é o símbolo do sucesso (principalmente para as atividades relacionadas ao signo em que se encontra). A Lua rege a popularidade e o ritmo dos negócios. O início da pesquisa astrológica é por datas em que o Sol esteja no signo relacionado com a futura atividade, fazendo uma forte harmonia com a Lua, preferencialmente crescente. A Lua só fica crescente sete dias por mês, e só se encontra em harmonia com o Sol, dentro desses sete dias, em apenas dois. Ou seja, em 30 dias o astrólogo já ficou limitado a dois, isso sem considerarmos o restante dos planetas, seus aspectos, Casas Astrológicas, etc.

Há alguns anos o programa *Fantástico* mostrou uma matéria que falava de uma empresa de entrega e transporte de sucesso. Ela havia iniciado com apenas duas motos pequenas e uma Kombi. Na entrevista com seus proprietários eles disseram que quando começaram o negócio não podiam errar nem perder dinheiro. Para ter mais certeza do sucesso escolheram então o método astrológico. O resultado foi que, em apenas seis meses, já haviam multiplicado por 10 sua frota. O mesmo recurso da Astrologia eletiva foi utilizado por uma grande empresa nacional de cosméticos, cujo proprietário usa diariamente a Astrologia. Hoje eles exportam e são respeitados tanto no mercado interno quanto no externo.

Como é feita a Carta Astral de uma empresa?

Para empresas que já existem, na maioria das vezes, é praticamente impossível fazermos sua Carta Astral. Isso porque precisamos de uma data e horário específicos de início de atividades. É muito comum o comerciante ir abrindo as portas com poucos produtos, realizar vendas antes mesmo de ter notas fiscais, etc.

Algumas pessoas se confundem quanto a esse horário específico, acham que pode ser o momento do protocolo na Junta Comercial.

Novamente aqui vale o paralelo com o nascimento da criança, sua concepção e primeira inalação. Uma empresa é uma pessoa jurídica, portanto ela não existe sem um documento. E seu metabolismo autônomo, sua vida independente da pessoa física que são os proprietários, só se inicia com a primeira venda, com a devida emissão de nota fiscal, documento que constata a vida da empresa.

Para se evitar isso, costumo aconselhar aos que vão iniciar um novo negócio que só abram as portas do estabelecimento no momento indicado e que, ainda, realizem uma venda (pode ser para algum amigo ou cliente que esteja aguardando) com emissão de nota fiscal. Em seguida, fazer um brinde e um coquetel de inauguração para marcar bem o momento considerado de início das atividades.

Já fiz isso diversas vezes, sempre estando presente no momento de inauguração, mesmo que fosse às 2 horas da manhã (já aconteceu isso sim). Cabe aqui destacar que a responsabilidade do astrólogo nesse assunto é muito grande.

Esses procedimentos são importantes porque hoje em dia ninguém tem condições de errar, abrir uma empresa e depois ter de fechar. O custo disso é muito elevado.

A vantagem de se ter a carta de sua empresa é que teremos todos os indicadores lá: os momentos de crise e os de sucesso, as possibilidades de diversificação de produtos, a linha de produção, maquinário, fiscais, parceiros, concorrentes, crédito, diretoria, etc.

A interpretação da Carta Astral da empresa fornece ao proprietário uma visão clara, ampla e precisa do que tem em mãos, com os potenciais e dificuldades latentes. Pode-se fazer uma projeção para saber como a empresa poderá estar em uma data futura ou mesmo o que tende a ocorrer com ela durante determinado período.

O que é Tema de Revolução Solar?

Existe um recurso ou técnica astrológica que se chama Tema de Revolução Solar. Este TRS nada mais é do que uma Carta Astral levantada para o dia, local e horário exato em que o Sol passa no ponto em que estava quando a pessoa nasceu. Em outras palavras, é como que uma Carta Astral de aniversário que lhe revela os pontos que receberão um destaque ou ênfase especial durante seus próximos doze meses.

A interpretação é realizada sobrepondo-se uma carta a outra e observando o resultado disso. A posição onde está o Ascendente anual na Carta Astral natal é muito importante, pois definirá o setor que será o mais evidenciado durante o ano. A Carta Astral natal da pessoa continua lá, "funcionando" normalmente na vida dela (refletindo sua existência), mas o TRS nos indica os pontos dessa Carta Astral natal que estarão mais presentes ou destacados no próximo período. É como se a carta natal fosse a pessoa como veio ao mundo: nua; e o TRS fosse a roupa que ela veste (pode ser esportiva, clássica, de trabalho, etc.).

Apesar de considerarmos que não devemos nos preocupar com o futuro, é prudente sabermos de antemão as tendências do que pode acontecer. Isso nos proporciona condições de uma preparação prévia, minimizando problemas, aproveitando ao máximo as coisas boas, não perdendo as oportunidades por insegurança ou titubeio. Por outro lado, também ajuda a nos alinharmos e não brigarmos com a vida tentando impor nossa vontade, contrariando o que acontece no dia-a-dia.

O lugar onde passei meu último aniversário influenciou as coisas que estão me acontecendo este ano?

Como para cacular o Tema da Revolução Solar dependendo do local onde passamos nosso aniversário além da diferença geográfica evidente ainda pode haver uma mudança de horário e às vezes até de dia em que o Sol transite sobre a posição exata que estava quando do nascimento da pessoa, então é determinante o local onde a pessoa está no momento exato de seu aniversário. Vale ressaltar que quase sempre o horário de aniversário, calculado dessa forma, é, astrologicamente, não o mesmo de nascimento. Pode acontecer de mudar até mesmo o dia de aniversário. Isso acontece por várias razões, inclusive porque nosso calendário é falho, por isso temos o ano bissexto, para corrigir os erros acumulados durante os quatro anteriores. Costumo ainda dizer que tudo que nos ocorre durante as 24 horas do dia de nosso aniversário (a partir do horário exato) tende a se refletir no ano vindouro. Por isso é bom estarmos rodeados de pessoas que realmente nos amam e querem nosso bem, estarmos felizes e pensando positivo, pois isso poderá minimizar os problemas que possam vir mais adiante.

É verdade que depois dos 30 anos o Ascendente é mais forte que o Sol?

Essa é uma informação falsamente baseada nos ensinamentos astrológicos, mas muito difundida e na aparência "constatada" pelas pessoas.

O que ocorre é que por volta dessa idade, 30 anos, Saturno transita sobre o Saturno natal da pessoa (de sua Carta Astral) completando o círculo em quatro ciclos de sete anos. Saturno nos confere segurança, independência, confiança e estabilidade. Então, nessa idade geralmente a pessoa deixou de "ouvir" as cobranças ou exigências de terceiros.

Primeiro foram seus pais, depois a turma da escola, depois a sociedade ou o cônjuge. Então, atingindo a idade considerada adulta, 30 anos, já pode identificar o que são seus valores, desejos, conceitos e objetivos, separando-os dos demais.

Também nessa idade a pessoa tende a já ter conquistado, de certa forma, sua independência e autonomia financeira e emocional. Ela já é "dona de seu nariz" e pode ousar viver por si mesma. Mas para que isso aconteça ela tem de romper com as estruturas que a seguram, chantageiam-na, seduzem-na e a limitam.

Esse processo traz rupturas geralmente difíceis e traumáticas para ambos os lados, quando ocorrem. Tudo que dói e nos faz sofrer chama a atenção, marca e fica na memória. Por isso os 30 anos marcam um período diferente. O Ascendente é regido pelo signo de Áries que traz coragem para expor a própria personalidade. Essa coragem então, que sempre esteve lá, agora aliada à segurança de sua independência financeira e emocional, evidencia a personalidade (que também sempre esteve lá), a vontade e o perfil particular da pessoa. Por isso alguns pensam que após os 30 anos o Ascendente fica mais forte, na verdade ele é liberado mas continua sendo o que sempre foi.

O mesmo tende a acontecer com outras características das pessoas quando fazem 40 anos, considerada a "idade do lobo". Nesse ponto, elas costumam ousar ainda mais em viver o que têm em seu interior e que ainda não foi possível por causa dos preconceitos, traumas, bloqueios, tabus, etc.

Tem gente que faz o Mapa Astral todo ano (Revolução Solar). Isso é necessário?

Realmente muitos confundem fazer o Tema de Revolução Solar com realizar a Carta Astral. A interpretação da Carta Astral pode ser feita uma vez só na vida; se for feita mais vezes, o que será diferente é a abordagem do astrólogo, se for realizada com o mesmo profissional, então não fará sentido algum. Mas o Tema de Revolução Solar, este sim, é anual. Ele revela as tendências de tudo o que vai acontecer no ano entre seus aniversários subseqüentes.

Assim, se na Revolução Solar, por exemplo, temos a informação de que o ano será voltado para as questões familiares, podemos aproveitar para resolver os problemas antigos com parentes, lembrar-se do passado, rever os erros cometidos para não haver recorrência. Por outro lado, de nada adianta, nesse exemplo, querermos mudar de vida profissional, lutar por um destaque especial, ou mesmo investir na saúde realizando um projeto antigo. Se assim ocorrer, a pessoa acaba se desgastando, não conseguindo sucesso em seu empenho e não fazendo nem uma coisa nem outra.

Existem períodos em que a pessoa deve se dedicar somente a questões relacionadas à filantropia, arte, misticismo, saúde e reflexão. É uma fase de desprendimento que, se não for feito por bem, será pelo mal. Nesse período, quanto mais egoísta, materialista e centralizadora for a pessoa, pior será para ela, pois assim tende a atrair para si traições, decepções, doenças, miséria, sofrimentos, etc. Ou seja, necessitar da compaixão e misericórdia dos outros.

A pessoa prudente que valoriza as informações que a Astrologia pode lhe oferecer e ainda é esperta suficiente para aproveitar isso sem dúvida alguma regularmente fará seu Tema de Revolução Solar com astrólogo de confiança. Como diz o ditado: "É melhor prevenir do que remediar".

Como funcionam as previsões astrológicas?

Existem dois conceitos equivocados e largamente difundidos em relação à Astrologia. Um diz sobre as "influências dos astros" e o outro, as "previsões astrológicas". Essas afirmações não têm base nos estudos astrológicos e muitas vezes são corroboradas por astrólogos, competentes ou não.

Quando um astrólogo usa o termo "influência dos planetas", por exemplo, ou ele quer facilitar a comunicação e usar um conceito largamente difundido ou não estudou as bases da Astrologia e não sabe realmente como acontecem os efeitos dos princípios arquetípicos perfeitos simbolizados pela Astrologia.

Quanto às supostas previsões, na verdade são técnicas para se ter uma idéia do que pode acontecer se tudo caminhar como está. É como você conhecer determinados elementos que compõem um quadro dinâmico; se houver uma constância, poderá supor como esse mesmo quadro estará daqui a um determinado tempo. Por exemplo: você está viajando em uma estrada, já fez 200 quilômetros do trajeto e ainda lhe faltam outros 200 quilômetros – se continuar a dirigir na mesma velocidade e nada diferente acontecer, muito possivelmente você demorará ainda o mesmo tempo já percorrido de viagem para chegar ao seu objetivo.

É claro que as coisas não são tão simples assim, mas a idéia é a mesma. Em Astrologia consideramos os arquétipos do inconsciente coletivo aos quais todos estamos sujeitos, queiramos ou não, saibamos ou não, acreditemos nisso ou não. Eles têm reflexos em nossas vidas particulares, como que em ecos menores dentro de nossas almas e vidas pessoais. Como o movimento dos planetas está sincronizado (o psicólogo Carl Gustav Jung* tem um trabalho sobre isso intitulado *Sincronicidade* – Obras Completas, vol. VIII/3) com o fluxo desses arquétipos, estudando seus movimentos, atual e futuros, podemos concluir que possivelmente tal ou qual arquétipo refletirá um comportamento X, Y ou Z das pessoas em geral ou de alguém em particular.

Mas essa "reflexão" do arquétipo na forma de fatos é muito relativa, pois em Astrologia existem infinitas possibilidades de manifestação de um arquétipo e isso se multiplica em diversos planos possíveis.

---

*N.E.: Sugerimos a leitura de *Arquétipos Junguianos*, de Anne Brennan e Janice Brewi, e *Carl Gustav Jung e os Fenômenos Psíquicos*, de Carlos Antonio Fragoso Guimarães, ambos da Madras Editora.

Tive uma aluna que aos 15 anos foi ao astrólogo (ou que se passava por tal) se consultar e ele lhe afirmou que aos 21 anos ela iria morrer. A coitada ficou alguns anos sob o impacto daquela afirmação absurda, mas como todo e qualquer adolescente, graças a Deus, acabou esquecendo a coisa. Exatamente aos seus 21 anos ela, que era a filhinha do pai, criada e tratada como uma verdadeira princesa, ficou grávida. Teve então de assumir casa, marido e filho. Sem dúvida "morreu" a princesinha, mas não a pessoa. A transformação em sua vida foi realmente brutal, mas não houve o que o "astrólogo" tão incompetentemente vaticinara. Talvez, se ela resolvesse não aceitar a vida e abortar, pode ser que o final não tivesse sido tão harmônico.

Dá para saber como ganhar na loteria com a Astrologia?

Muitos críticos da Astrologia, não sei com qual autoridade e direito, exigem que ela se preste a, por exemplo, prever resultados de loteria e com isso beneficiá-los financeiramente. Postam-se como autoridades supremas que precisam ser satisfeitas em seus desejos para emitir opiniões favoráveis ao que lhe satisfez as vontades. A essas pessoas lamentamos dizer que com a Astrologia não é possível prever o resultado de jogos, na verdade não se pode prognosticar nada em especial.

A análise de determinados trânsitos planetários poderá nos indicar os períodos em que a sorte nos é mais ou menos propícia para ganhar dinheiro. Mas, apesar disso, não dá para saber o número para jogar na Mega-Sena.

Júpiter é o grande benfeitor e traz a sorte por onde passa. Mas ele representa a boa colheita; se não houve semeadura, como obter boa safra? Cabe a todos fazermos nossa parte, nem sempre a sorte realmente é benéfica quando se trata de dinheiro. Existem exemplos de pessoas que viviam muito bem; depois que ganharam em loterias, por exemplo, suas vidas acabaram. O grande problema não é só ganhar dinheiro, mas sim saber o que fazer com ele, administrá-lo. Se a pessoa não tem domínio, conhecimento e habilidade ficará subjugada a ele. Acaba não dormindo ou ficando doente com medo de que a variação do câmbio lhe tire alguns milhões. Poderá sofrer com o medo de ser roubado. Poderá ainda ser vítima de espertalhões que, abusando de sua confiança e amizade, causem-lhe grande desilusão.

Júpiter traz sorte no jogo, mas também poderá oferecer sabedoria, justiça, esperança, felicidade e paz. Uma manifestação material jupiteriana praticamente exclui outra de ordem psíquica ou espiritual. Se você tivesse que optar entre sorte no jogo ou ter paz na vida, o que escolheria?

Uma coisa é certa, quando nos alinhamos com o que a vida espera de nós, e fazemos aquilo que nascemos para fazer, o aspecto financeiro toma uma posição secundária e tudo do que realmente precisamos não faltará. É como que se a natureza conspirasse a nosso favor, em prol dos objetivos que são, no final, de interesse de uma comunidade que será beneficiada com nosso trabalho.

Ceticismo

Dizem que a Astrologia é coisa para mulheres e de quem não tem o que fazer!

Essa é uma afirmação tipicamente preconceituosa.

É certo que as mulheres, por sua sensibilidade, formam o maior público hoje cliente da Astrologia. Mas daí generalizar que a ciência astrológica seja tachada de feminina é algo injusto. Unir então a idéia de "é coisa de quem não tem o que fazer" é uma ofensa dupla, tanto às mulheres quanto à Astrologia.

Todo preconceito resulta da ignorância e da presunção de que se é superior ao que é a razão do preconceito. A presunção e o preconceito encerram a pessoa em um círculo vicioso, limitando seu crescimento e evolução. Não haverá desenvolvimento, principalmente espiritual, para as pessoas vítimas da presunção e do preconceito. O pior é que presunçosos promoveram guerras religiosas em nome de Deus e de Jesus desconhecendo o "Amai-vos uns aos outros como Eu vos amei". Outros, vestindo-se da coroa de cientista, do alto de seu trono de verdade absoluta, insultam a Astrologia, seus estudantes e profissionais. Assim, esses pseudocientistas deixam de lado as bases da ciência que afirmam jamais poder emitir opinião sobre algo sem estudar e conhecer a matéria a fundo.

Lamentavelmente as ciências esotéricas viraram moda na década de 1960, com o nascimento e auge do movimento hippie. Eles faziam questão de agir contra todas as formalidades e princípios, não trabalhavam no mercado formal, usavam drogas, viviam do artesanato e cultuavam indiscriminadamente as ciências esotéricas, dentre elas a Astrologia. Pior, em sua grande maioria, sem preparo ou capacitação exerciam a Astrologia como meio de vida, realizando um trabalho exposto a muitas críticas. Assim, a imagem da Astrologia ficou ligada, no Ocidente, à figura do *hippie* que quase não existe mais. Foi um modismo que passou, mas que marcou os costumes e valores de toda uma geração, que por sua vez acaba influenciando as seguintes.

Precisamos ser mais críticos, sinceros e conscientes antes de aceitar uma imagem negativa que nos trazem, sem justificativa. Corremos o risco da injustiça e ainda de estarmos perdendo uma excelente fonte de pesquisa e conhecimento que nos ajudaria no caminho da felicidade.

Você acredita em Astrologia?

Por incrível que pareça já ouvi essa pergunta diversas vezes. Incrível porque como pesquisador da Astrologia, professor da matéria e profissional, talvez fosse óbvio que a pessoa que faz tudo isso deva acreditar no que faz, como qualquer outro profissional ou estudioso.

Mas as vezes que recebi essa pergunta eu gostei, pois denotou sinceridade por parte de meu interlocutor, também que este se sentiu à vontade suficiente para fazer uma pergunta que poderia estar me ofendendo. Poderia me ofender caso eu entendesse que ele quisesse dizer que, apesar de não acreditar, eu poderia estar usando tudo aquilo para enganar as pessoas.

Como já expliquei em uma das respostas, as Leis Naturais e cósmicas refletidas na simbologia e conhecimentos astrológicos são uma realidade, independentemente de se acreditar ou não nelas, de se conhecer ou não.

Acredito que quando a pessoa faz esse tipo de pergunta está na verdade querendo saber se existe fé, do tipo "fé cega", aquela em que a gente acredita mesmo sem possibilidade de prova concreta ou lógica de realidade. Se for esse o caso, minha resposta será não, eu não acredito em nada que não seja razoável, lógico, coerente e sem um pingo de plausibilidade. Minha resposta seria: "Eu não acredito em Astrologia. Tenho é certeza de que a ciência astrológica é real e presente em nossas vidas". Ou seja, não se trata de uma questão mística, dogmática ou conceitual, mas sim racional, lógica, comprovável e real.

E você, como responde a essa pergunta? Crê em Astrologia?

Talvez muito do que peque contra a ciência astrológica são os que se dizem astrólogos, mas que não têm preparo, conhecimento e estrutura para tal. Na verdade, essas pessoas acabam, apesar de sua boa vontade, depondo contra a Astrologia. As pessoas comuns após encontrarem dois ou mais "profissionais" desse naipe tendem a acabar generalizando a possível descrença na falta de profissionalismo e os possíveis erros cometidos. O número de pessoas despreparadas que se diziam astrólogos era grande, então essa imagem ganhou muitos multiplicadores. Gradativamente, o público está cada vez mais exigente, os astrólogos, capacitados, ganhando espaço, e os despreparados, diminuindo de número. É por isso que um trabalho como esse é importante para informar corretamente ao leigo e conferir-lhe bases suficientes para poder avaliar o profissional que se apresentar a ele.

Astrologia funciona mesmo?

Volto a afirmar que não se trata de fé, mas sim de constatação. Quem tem essa dúvida deveria se dispor a verificar por si mesma, porque por mais que outra pessoa lhe afirme, o conhecimento sempre será o outro, deixando assim sempre uma pontinha de dúvida do tipo "será que esta pessoa não está entusiasmada com a Astrologia ou com o astrólogo e acaba vendo ou ouvindo o que deseja?".

Àqueles que duvidam da Astrologia, o correto a se fazer não é criticar sem bases, mas pesquisar profundamente o assunto. A melhor forma de se verificar a eficácia da Astrologia é fornecer seus dados a alguém gabaritado e solicitar dele a interpretação de sua Carta Astral. O astrólogo então estará falando da vida e intimidades do próprio cético, sem condições de ter recebido qualquer ajuda de terceiros. O descrente poderá ficar calado, sem nada dizer ou responder porque a interpretação da Carta Astral não necessita que o consulente responda a qualquer tipo de pergunta. As questões podem ocorrer, mas com o intuito de precisar ainda mais a informação obtida, visto que as tendências astrológicas podem ser vivenciadas de diversas formas pela pessoa.

Conta-se do julgamento de uma astróloga nos Estados Unidos da América em um processo em que era acusada por "enganar" pessoas usando a Astrologia. Em sua defesa ela disse que poderiam lhe fornecer os dados de um desconhecido e que ali, na presença de todos, realizaria a interpretação da Carta Astral dessa pessoa. Afirmou então que se não fosse verdade o que dissesse a respeito desse alguém, ela poderia ser considerada culpada. Assim foi procedido e no final foi absolvida, pois os dados fornecidos foram do filho do juiz que afirmou que tudo o que ela disse era real. Foi uma questão arriscada porque nesse tipo de situação não só a astróloga estava sendo julgada, mas também o próprio conhecimento astrológico, como sempre ocorre.

Caso você queira saber "como" a Astrologia funciona, leia a resposta a essa pergunta em "Astrologia Básica" deste livro.

Horóscopo é coisa séria? Posso confiar?

A palavra "horóscopo" vem do grego e se refere ao signo Ascendente. Esse termo ficou relacionado com as previsões diárias para todos os signos, publicadas em jornais e revistas, com espaços diminutos. Na verdade essa é uma prática de popularização da Astrologia.

Apesar de poderem ocupar até meia página de jornais ou página inteira de revistas, os signos são muitos (doze no total), e o espaço reservado para as interpretações de cada um é muito pouco para se explicar com clareza as tendências. Assim a interpretação fica muito prejudicada. Por outro lado, as análises são tiradas para o signo como um todo, generalizando-se para todas as pessoas daquele signo. É algo que deve ser considerado com ressalvas, pois tende a refletir somente em torno de 30% as indicações astrológicas para o indivíduo.

O ideal seria proceder à análise dos trânsitos planetários (é o que o tradicional horóscopo realiza) sobre a Carta Astral da pessoa, com todos os planetas, aspectos e Casas Astrológicas. O trabalho será preciso e completo, podendo ser julgado por quem o encomendou.

Outra questão importante nesse caso é sempre a capacitação de quem elabora o horóscopo. Ainda hoje existem jornais em que a redação do horóscopo é o castigo diário para o repórter que comete erros. Outros compram revistinhas populares em bancas de jornais e simplesmente copiam os dizeres, muitas vezes sem o compromisso de copiar as indicações para o signo correto e até fazem isso de edições com anos de diferença. Um verdadeiro absurdo, um desrespeito ao direito autoral e à confiança que o leitor coloca em seu veículo de imprensa. Geralmente esses horóscopos elaborados por quem não é profissional não são assinados e, portanto, não confiáveis.

Quando o horóscopo é feito por um profissional qualificado, conhecido e sério, pode ser considerado como uma boa referência das tendências para seu dia, lembrando sempre que o horóscopo de jornal ou revista é genérico e que isso quer dizer que elementos de sua Carta Astral podem alterar o que lá está indicado.

Conheço pessoas do mesmo signo que o meu, todas muito diferentes! Explique isso.

O que determina o signo da pessoa é a posição do Sol em sua Carta Astral. Um signo tem 30 graus, e o Sol pode estar em qualquer um desses 30 graus (ele ocupará uma posição precisa e fixa). Os signos são subdivididos em decanatos que diferem entre si. Além disso, existem ainda diversos elementos astrológicos a ser considerados em sua Carta Astral e a somatória deles lhe confere características únicas, pessoais e diferenciadas.

Além da posição Sol em termos de signo, importa também a localização da Lua, que nos dirá como você é emocionalmente, com sua família e na vida íntima. A posição de Marte nos dirá como é sua forma de agir, trabalhar, lutar por seus direitos e vontades, defender-se. Mercúrio diz como você é nos estudos, na comunicação com as outras pessoas. Vênus indica como você é no que lhe dá prazer, que tipo de coisa você adora, como você gosta de ser satisfeito, o que valoriza, sua forma de ganhar e administrar seu dinheiro e o tipo de produto comercializado ou serviço prestado. Esses são os chamados planetas pessoais, que diferem de posição de pessoa para pessoa, o que nos torna muito diferentes, mesmo com idades próximas. Dependendo do horário, dia e cidade em que você nasceu, esses planetas estão em locais totalmente diversos, formando um sem-número possível de combinações, conferindo as diferenças entre pessoas do mesmo signo que nasceram até mesmo no mesmo dia. O Ascendente, por exemplo, muda de signo a cada duas horas. Em cada variação de grau no Zodíaco (posição), o planeta (todo e qualquer um deles) pode fazer diversos aspectos planetários com outros astros promovendo inter-relações das mais variadas. Cada planeta tem sua velocidade e assim as mudanças de posição e de signos se fazem de forma totalmente irregular de um astro para outro.

Existem ainda os planetas Júpiter e Saturno, mais lentos, que trazem grandes diferenças entre pessoas com variações de idades acima de um ou dois anos. Depois temos os chamados planetas exteriores ou trans-saturninos que marcam as diferenças entre gerações.

Esse painel complexo, composto pelo movimento dos planetas, aspectos planetários e Casas Astrológicas, resulta no indivíduo com características originais e totalmente personalizadas.

Por que a Astrologia não é aceita pela ciência?

Existem várias razões para isso. A primeira e mais importante é que o conhecimento ainda não teve suas bases comprovadas pelo método científico específico para isso. Trata-se de um método que garante que uma teoria pode ser realizada e comprovada por qualquer pessoa, em qualquer lugar e em qualquer tempo, desde que seja executada sob as mesmas condições. Precisa ter explicações coerentes dentro das ciências acadêmicas, poder ser quantificada e qualificada a contento.

Lamentavelmente, isso ainda não foi realizado por ninguém. Na verdade, esse é um trabalho possivelmente de uma equipe inteira, por anos a fio.

O preconceito e a má fama que pseudo-astrólogos conquistaram para a Astrologia colabora com a ojeriza que os cientistas têm dessa ciência. Faltam então uma abordagem realmente científica sobre o assunto (sem preconceitos), coragem por parte de alguns cientistas em encarar a defesa das bases da Astrologia como proposta de trabalho e alguém que levante essa bandeira e inicie um processo que revolucionará o conhecimento humano.

Este trabalho busca exatamente isso: informar de forma clara ao leigo, sensibilizar o cientista e procurar aglutinar forças e interesses em torno de um trabalho que objetiva levar o conhecimento astrológico para dentro do universo científico, para benefício de toda a sociedade.

Alguns não aceitam a Astrologia por enfocá-la equivocadamente como uma ciência exata, exigindo provas de precisão absoluta das chamadas "previsões astrológicas". Essas pessoas se esquecem de que mesmo as supostas previsões de uma ciência chamada Meteorologia não são 100% constatadas, existem diversos parâmetros e variáveis que podem e sempre alteram o resultado final.

A Astrologia não é uma ciência exata, mas sim uma ciência humana, tal como a Psicologia. Talvez esta venha um dia a absorver a Astrologia (ou o contrário).

Outro fator que também prejudica muito a aceitação da Astrologia pelos cientistas é a suposta "influência dos astros", que não existe tal como erroneamente se divulga e se conceitua.

Por que existe tanto preconceito contra a Astrologia?

Bem, essa é uma pergunta que deveria ser respondida pelos preconceituosos. Podemos apenas supor, com base em nossos estudos e experiência, as possíveis razões disso tudo.

Todo e qualquer preconceito, em si mesmo, é resultado do não conhecimento, de julgamentos precipitados e uma sensação de superioridade. Muitas vezes, o preconceituoso é uma pessoa insegura, que tem medo de encarar ou de dar chance à verdade. Dessa forma, procura se esconder atrás dos tabus, aceitando muitas vezes o pensamento e o julgamento de terceiros, sem questionar, sem ter seu próprio raciocínio ou experiência sobre o assunto. Lamentavelmente isso acontece muito, para prejuízo principalmente do próprio preconceituoso.

A Astrologia acaba incomodando porque, apesar de toda a perseguição que sofre há séculos, ela persiste e cada vez mais se torna mais procurada, divulgada e respeitada. Aqueles que se impõem pelo dogma, pelo medo, pela geração de dependência são os que mais tendem a se sentir "prejudicados" ou ameaçados pela Astrologia. Nessa situação encontram-se religiosos e alguns terapeutas. Eles talvez tenham receio de perder sua clientela. Lamentavelmente esse tipo de pessoa não está preocupada em curar ou bem orientar o outro, mas somente em manter sua fonte de lucro ou de poder.

Mas o principal fato que colabora com o preconceito é a Astrologia ainda não haver sido aceita pela ciência oficial. Quando isso ocorrer, será difícil manter uma posição preconceituosa, e a comunidade científica de todo o mundo reconhecerá a ciência astrológica sem restrição.

Em razão de sua natureza, a Astrologia conduz a pessoa à liberdade, ao crescimento e à independência. Ela gera conhecimento e conseqüentemente questionamento. Essas coisas acabam por incomodar as pessoas presunçosas e dogmáticas.

A falta de uma voz segura para responder às críticas, ou a ausência de espaço na mídia para essa voz é outro fator que acaba alimentando ou deixando que o preconceito se perpetue. Lamentavelmente, os veículos de comunicação se equivocam ao consultar a opinião de leigos sobre a Astrologia, mas não entrevistam astrólogos gabaritados para que estes possam se defender do preconceito, mentiras e equívocos desses leigos.

Os astrônomos não acreditam em Astrologia. Por quê?

Porque, primeiro, para a Astronomia o Sol é uma estrela, e a Lua, um satélite, mas para a Astrologia, eles são considerados planetas. É uma questão de conceitos diferentes sob o mesmo termo, mas que, por falta de explicação adequada, a discussão é estabelecida.

Depois, e principalmente, que a equivocada afirmação da suposta "influência dos astros" é inadmissível pela astrofísica. A Lua é o único astro que tem sua influência comprovada cientificamente sobre as marés e os partos e também no agravamento das condições de pessoas perturbadas psicologicamente. Nada mais.

Nessas condições fica impossível para qualquer um explicar por que, por exemplo, Plutão, que é o astro mais distante e pequeno, pode impor sua poderosa influência sobre todos os terrestres. Além disso, em 2007 Plutão foi desclassificado como planeta pela comunidade astronômica internacional.

Se explicar a suposta influência de um planeta do nosso Sistema Solar, por mais distante que seja, é difícil, imagina então esclarecer as influências dos signos! Os signos são, em Astronomia, constelações. Para começar, em Astrologia todos os signos têm exatos 30 graus de arco. Em Astronomia as constelações do círculo zodiacal têm tamanhos diversos, umas bem largas e outras estreitas. Além disso, existem ainda duas outras constelações que estão entrando lentamente (há muito tempo) nesse cinturão, graças à inclinação do eixo da Terra. Essas duas constelações são: a da Baleia, que está entre Áries (Carneiro) e Touro; e do outro lado, a constelação de Ophiucus (o Serpentário), entre Escorpião e Sagitário. Existe ainda outro fator que resultou na defasagem entre a constelação onde fisicamente os planetas estão no céu (Astronomia) com os que eles são considerados em Astrologia. Essa defasagem resultou do processo de precessão dos equinócios, que é o deslocamento do ponto vernal, ou seja, do início do ano (ou do signo de Áries).

Tive uma experiência pessoal com um famoso astrônomo, hoje falecido, que coordenava o Observatório de Capricórnio, em Campinas/SP. Nos encontramos em uma livraria da cidade e, como estudiosos, entabulamos uma animada conversa até o momento em que, não podendo deixar de ser, eu lhe falei de Astrologia. Ele logo tomou uma posição defensiva e me olhou com outros olhos. Imediatamente me questionou sobre a "influência dos planetas". Então, eu concordei com ele que essa história é absurda e que havia um grande equívoco quanto a isso. Aí ele pareceu ter tomado um choque, parece que o desarmei e então me questionou o que eu queria dizer com aquilo, se não havia influência, como então eu explicava a Astrologia que estava defendendo.

―❦―

Como pode um distante planeta influenciar uma pessoa?

Como afirmado anteriormente, essa suposta "influência" não existe, o que há é uma sincronia entre o movimento macrocósmico dos planetas com o fluxo dos arquétipos do inconsciente coletivo. Esse é um conceito utilizado em Psicologia e que serve muito bem para que se entenda a Astrologia.

Cada indicador astrológico, seja ele um planeta, um signo ou ponto virtual, reflete um princípio de verdade, de perfeição, uma lei da Criação que se manifesta em todos os planos, mas que em cada um pode ter um nome ou forma distinta.

O que para o místico é a Lei do Carma, para o físico é a 3ª Lei de Newton (Isaac Newton – aliás, astrólogo de mão cheia). Então, não existe influência alguma, o que realmente há são referências, manifestações em diversos planos e realidades de princípios cósmicos presentes na Criação desde sua origem.

O que para o estudante de Astrologia é um planeta, para o psicólogo é um arquétipo condicionado, para o físico é uma lei da Física e para o teólogo é um Coro de Anjos.

Se considerarmos dentro das origens da Astrologia, que é a Teologia, que os Coros Angélicos são em realidade manifestações da Vontade de Deus, ou seja, Suas Ordens (Ele é Onipotente), que então essas "vontades de Deus" vêm descendo plano depois de plano até atingir o físico e receber o nome de leis da natureza ou da Física, estudadas e constatadas, podemos compreender que pelo estudo da Astrologia o homem pode descobrir o lado espiritual que reside em tudo, bem como o lado material que pulsa em toda a Criação. Em Psicologia isso poderia receber o nome de "somatização". Ou seja, que com a força das emoções e energias psíquicas o homem é capaz de corporificar, cristalizar, manifestar fisicamente pensamentos, emoções ou sensações fortemente concentradas.

Olhando-se então por esse ângulo, o planeta apenas reflete física e macrocosmicamente a aplicação de uma Lei que tem sua origem no mais elevado dos planos divinos, passando pelo universo psíquico. O homem, como é 90% um ser psíquico, reage à mesma lei. Assim, fica mais fácil olhar para o planeta, observar seu movimento e assim deduzir o movimento de seu arquétipo analogado dentro da alma humana. Simbolicamente, é como olhar os ponteiros do relógio para se saber o horário do dia.

Se a Astrologia pode ser útil nos diagnósticos, por que os psicólogos não a estudam?

Novamente há aqui um equívoco pela generalização. Assim como não devemos julgar a Astrologia pelos astrólogos, também não podemos confundir a posição oficial da Psicologia com a dos psicólogos.

Muitos psicólogos estudam Astrologia e a aplicam, mesmo contrariando as orientações do Conselho Federal de Psicologia, que é terminantemente contra isso. De certa forma, é de se esperar, considerando que cabe ao Conselho cuidar da imagem e do prestígio da ciência e dos profissionais que a exercem. Hoje a Astrologia não é reconhecida oficialmente e, pior, é perseguida, sofre todo tipo de crítica e preconceito. Unir a imagem de uma ciência nova com ela não ajudaria a solidificar uma imagem segura, competente e confiável. Sem dúvida é um grande desafio; a Psicologia encontra-se em uma situação difícil porque a Astrologia tem recursos sensacionais para os diagnósticos terapêuticos e seria uma ferramenta excelente nas mãos de um bom psicólogo.

Hoje a Psicologia faz com a Astrologia o que a Medicina realizou com ela há alguns anos: desdenha, rechaça, critica e não quer se comprometer com os conhecimentos astrológicos que muito bem poderiam ser incorporados por ela. Se isso um dia ocorrer, promoverá um salto enorme para a Psicologia e para toda a comunidade científica.

Acredito que, para defendermos as bases da Astrologia como ciência, muito possivelmente precisaremos da competência, coragem, conhecimento e empenho de cientistas, em especial de psicólogos. Necessitamos também de filósofos, sociólogos, antropólogos, médicos, físicos, matemáticos e teólogos. Por incrível que pareça, talvez muito pouco será necessário da Astronomia. Isso se explica por que a Astronomia é uma ciência exata, e a Astrologia, uma ciência humana.

Por que os médicos ocidentais não reconhecem a Astrologia médica?

A pergunta está correta, pois os médicos orientais sabem muito bem da importância da Astrologia para a compreensão de tudo que acontece com o ser humano. Ela pode ser usada para os diagnósticos, para indicar o melhor tipo de terapia a ser aplicado para que o organismo reaja com maior rapidez e eficiência.

Consta que na Índia, por exemplo, a Medicina faz uso da Astrologia. A Medicina oriental chinesa é toda baseada nos cinco elementos da Astrologia chinesa e seus relacionamentos.

Aqui no Ocidente, temos os profissionais médicos da Antroposofia que usam o conhecimento astrológico, apesar de não utilizarem a Carta Astral para o diagnóstico. Até mesmo seus remédios recebem influências de conceitos da Astrologia estudada com profundidade e respeito pelo fundador da Antroposofia, dr. Rudolf Steiner.

Mas a Medicina ocidental não reconhece e não usa a Astrologia porque toda a ciência acadêmica não a admite e utiliza. Talvez a Medicina ocidental se creia acima das "crendices" da Medicina oriental, mas muitos médicos já tiveram de "morder a língua" quando após críticas sarcásticas contra a acupuntura viram essa prática ser aceita pela Medicina oficial, que praticamente se apoderou dela. Agora, só podem fazer cursos de acupuntura os profissionais já formados em ciências biológicas. A Medicina ocidental não só adotou a acupuntura como também agora proíbe que leigos estudem e pratiquem a mesma. Na China, origem do uso desse método terapêutico, onde os leigos acupunturistas são chamados de "médicos de pés no chão", esse tipo de tratamento é a salvação dos pobres e menos favorecidos. São chamados assim porque são pobres, não têm estudo ou formação alguma, exceto o conhecimento da acupuntura e têm a competência de tratar os mais próximos onde os médicos alopáticos (que usam drogas para tratar os doentes) estão inacessíveis.

Uma coisa interessante é que a Medicina oriental é mais preventiva. Por meio da devida orientação, conduz o homem a melhor aproveitar seus potenciais, cuidar de suas deficiências e evitar se expor àquilo que tem predisposição para lhe gerar uma doença. O mesmo poderíamos fazer com a Astrologia médica aqui no Ocidente, bastava esse procedimento ser aceito, aconselhado ou praticado pelos nossos médicos.

Caso você tenha outras perguntas que deseja esclarecer, escreva para o autor:

juarez@cienciaestelar.com.br